HEADS UP PSYCHOLOGY

10代からの心理学図鑑

Original Title
Heads Up Psychology

Printed and bound in China

A WORLD OF IDEAS:
SEE ALL THERE IS TO KNOW

HEADS UP PSYCHOLOGY

10代からの心理学図鑑

MARCUS WEEKS
マーカス・ウィークス 著
DR.JOHN MILDINHALL
ジョン・ミルディンホール 監修
SHIGETO WATANABE
渡辺滋人 訳

三省堂

目次

私を動かすものは何?

脳はどう働くのか?

心はどう働くのか?

自分らしさとは?

私の居場所はどこ?

心理学って何?

人間――その魅力には限りがありません。詳しく観察すればするほど、人間という存在はいっそう複雑に見えてきます。心理学とは、そういう私たちのあり方のメカニズムを理解しようと努める科学的学問です。私たちの心理と行動を研究することで、心理学は人間存在の限りなく豊かな複雑さを解き明かそうと努めています。

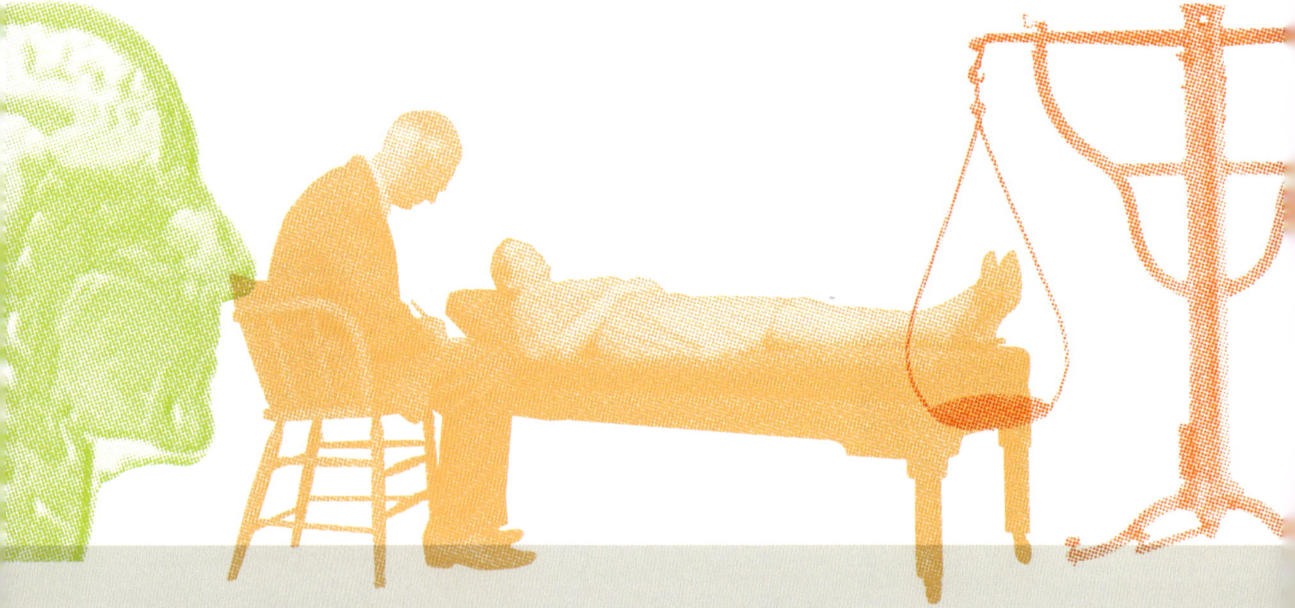

最後にバスか電車に乗ったときのことを思い出してください。身近にいた人に注意を向けましたか？　誰か同乗者と言葉を交わしましたか？　話をしたとすると、それはあなたがもともと外向的な性格だからでしょうか、それとも何か特に話をする必要があったからでしょうか。自分がなぜそんなふうにふるまったのか不思議に思っているかもしれませんね。人のふるまい方についてのこの好奇心こそ心理学者を駆り立てる原動力であり、心理学者は絶えずこういった疑問を抱いているのです。心理学は人間の行動と心を研究する学問です。でも「心」とはなんでしょう。日常会話では「気持ち」という言葉もよく使います。でも「心」や「気持ち」は身体の部分を指す言葉ではありません。脳と同じではありません。それは一連の能力と機能をもった概念としてのメカニズムとでもいうしかありません。

心は目に見えず、分解することもできませんが、それはたいした問題ではありません。心理学者は想像力も働かせながら、人々の行動とその心理の働き方に一貫性があるかどうかを観察します。人間の研究は容易ではありません。観察を重ねるにつれて、行動は変化していきます。そうはいっても、人間の記憶形成、試行錯誤、認知、意思疎通などについての私たちの理解は、大いに進んできました。こういった進歩が、やがてよりよい教師の育成、より公正な裁判制度の整備、より安全な機械設備、精神疾患の治療その他多方面での進歩・改善につながっていくことになります。心と行動の科学的理解へ向かう旅は140年ほど前に始まり、日々新たな発見もなされていますが、私たちが本当に人間心理の理解に到達するまでには、まだまだ長い道のりが続きます。

心理学者は どんなことをするのか?

学問としての心理学

社会心理学

社会心理学者は、集団を形成したとき人がどのように行動するかに関心をもつ。人間どうしの相互作用、コミュニケーション、態度、友情、恋愛、葛藤などを研究する。

認知心理学

認知心理学者は、周到に考えられた実験を通して、記憶などの仕組みを調べ、意思決定や行動を促す心のメカニズムを解き明かそうと努める。

生物学的心理学

神経心理学または生理心理学とも呼ばれるこの分野では、CT スキャナーなど先端技術を用いて、脳を調べ、人の行動の生物学的基礎について知ろうとする。

医療としての心理学

臨床心理学

臨床心理学者は病院その他の場でさまざまな心理療法を実施し、うつ病や統合失調症などの精神疾患と向き合う人々の力になる。

臨床神経心理学

臨床神経心理学者は脳の疾患や損傷に苦しむ人々を治療し、脳の障害で失われた能力の回復を手助けする。

心理学の社会的応用

組織心理学

企業はどうすれば労働者の力を最大限に引き出せるか?

ビジネスの場で組織心理学を活用する人は、人々がもっと効率よく気分よく働けるように手助けする。

ユーザー体験の調査・商品企画・デザイン

心理学的なリサーチの手法を使って、たとえば、利用者にとって欠かせない上に魅力があり、感性に訴えるウェブサイトやソフトウェアを開発する。

心理学者の活動は非常に多岐にわたっており、アカデミックな研究者の割合は心理学の資格をもつ人々全体の中ではそれほど大きくありません。心理学は、たとえばスポーツ、教育、健康、交通など、人の行動の質こそが最重要であるようなあらゆる領域で役に立っています。さらに心理学者が解明した多くの技法が、他のさまざまな分野において活用されています。

進化心理学

進化心理学では、私たちの知能・精神が時間をかけてどのように進化したかを研究しながら、論理的思考や言語などの能力の由来を究明する。

発達心理学

無力な幼児から多くの能力をもつ大人へと、どう変化するのか? 発達を研究することで心理学者は、成長過程における私たちの精神形成のプロセスを解明する。

教育心理学

教育心理学者は最善の教え方を見つけ出すことに関心を抱く。さまざまな教育理論を検証し、教授法の改善策を提案する。

差異心理学

個人の差異を扱う心理学では、人に個性を与えるものに注目する。そこには人格、情緒、知能、アイデンティティー、精神的健康などの問題が含まれる。

カウンセリングの心理学

専門的なカウンセリング手法を用いて、カウンセラーは死別や人間関係など人生のさまざまな問題に立ち向かい乗り越えていこうとする人々の力になる。

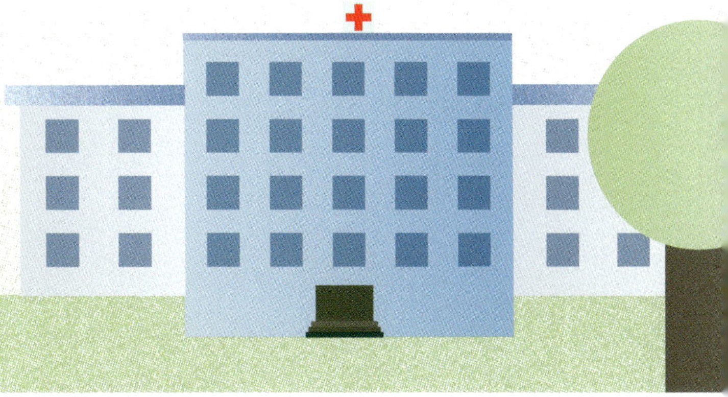

ヒューマンファクターの研究

ヒューマンファクター（人的因子）の専門家は、たとえば輸送・交通分野などで、標識・操縦・管制・相互伝達などを改善し、陸や空の運行安全性を高めようとする。

人材の管理・育成

人事部門で働く心理学者は人材を管理・育成し、昇進や評価に関与したり、働き手が直面する問題の解決を手助けしたりする。

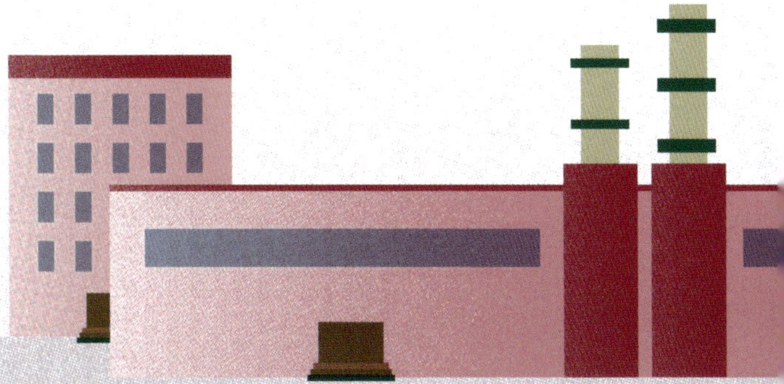

研究方法

この本では心理学上きわめて重要な発見のいくつかを簡単に紹介しています。でも心理学者はどのようにしてその結果や理論にたどり着いたのでしょう？ 心理学の研究方法は時代とともにますます複雑になっていますが、アプローチの基本は変わりません。正しい方法を用いることで、心理学者は正確で信頼できる研究を進め、理論のための堅固な土台を築くことができるのです。

カフェインは
反応スピードに
どう影響するか？
グループ１
カフェイン入り
グループ２
カフェイン抜き
私たちが失われた
ものをなつかしむのは、
どういう理由に
よるのでしょう？
？

実験の条件設定

心理学者が研究のために実験を行う際には、２つ以上の異なる条件を設定し、各条件下でみられる人々の行動の違いに注目します。たとえばあるグループにはカフェイン入りの飲み物を与え、別のグループにはカフェイン抜きの飲み物を与えて、カフェインが人の反応時間に影響を及ぼすかどうかを調べます。こうした実験により、研究者は条件の違いが人々の行動に変化をもたらすと結論づけることができます。

深い意味を探る

人々の行動の背後に隠れた意味に興味をもつ心理学者は、観察が数値化できるようなものではない場合、問題を質的に究明するための手法を用います。たとえば「郷愁」の性質を見きわめるためには面接を実施して、この気分を味わった人々に自由に自分の経験を語ってもらいます。心理学者はこうして得た主観的な材料に解釈を加え、人間の行動についてなんらかの結論を引き出そうとします。

統計分析

心理学でも最も有力な証拠の一つとして、数量化の方法が用いられます。心理学者はたとえば人々の個性を測定し比較するために、さまざまなテストを工夫し、先の行動を予測します。こういったデータをグラフ化すると、たとえば地域による行動パターンの違いなどがわかりやすくなります。他のやり方でははっきり見えない微妙な傾向などもパターン化して表せる、というのがこの方法の優れた点といえるでしょう。

現場に出向いて

しっかり管理された実験や面接などの調査方法では、有意義な結果を得られないこともあります。問題になっている行動がその場の環境や状況に依存している場合、たとえば公共交通機関の問題などでは、心理学者は直接現場に出ていき、人々の行動をシステマティックに分析することもあります。しかしその場合研究者は、人々の行動に介入しないように特に用心しなければなりません。結果を変えてしまうおそれがあるからです。

私を動かす
ものは何？

私たちは人生を通じてどう変わっていくのか――発達心理学は、誕生から子ども時代、不安な青春期を経て大人となり、最後には老年期を迎えるという、私たちが歩む人生の各ステージに注目します。私たちが技術や知識をどのように身につけ、行動の善悪をどう学んでいくか、という問題も含まれます。

どうして**親**は必要なのか?

成長できない?

人は**作りあげられる**?

教育なんて必要ない?

生きることと**学ぶこと**

なぜそんなふうに**ふるまう**のか?

正しいこと・まちがったこと

遅すぎることはない?

どうして親は

幼少期、私たちはみな自分の世話をしてくれ、食べ物や温かさや安らげる場所を与えてくれる大人を必要とします。世話をするのは普通は親であり、親という存在は私たちの心理学的発達にとってきわめて重要です。私たちは早い段階で親との間に感情的な絆(きずな)を結びますが、この結びつきによって、私たちは世の中を探検し世の中について学ぶために欠かせない安心を得ることができるのです。

参照:30–31

かけがえのない絆の形成

20 世紀初め、生物学者コンラート・ローレンツは動物の行動を研究していて、ガチョウのひなと母親の間の強い結びつきに注目しました。卵からかえって最初に目にした動くものに対して、ひな鳥が愛着を抱くことを発見したのです。愛着の対象は普通は母鳥ですが、「育ての親」でもいいわけです。この行動は学びとるものではなく、本能的な現象であり、ローレンツはこれを「刷り込み」と呼んでいます。この後、心理学者たちが新生児と母親の間の絆に興味をもち始め、これを「愛着(アタッチメント)」と呼ぶようになります。愛着に関する初期の研究の一つに、ジョン・ボウルビィによる、両親から長期間引き離された子どもの観察があります。第二次世界大戦中に疎開した子どもを含むものですが、多くの子どもたちがその後の人生で知的、社会的、情緒的問題を抱えるようになったことにボウルビィは気づきました。人生の初めの 24 か月で、子どもは少なくとも一人の保護者——通常なら親、ほとんどの場合母親——と絆を強める必要があると結論を下しています。「愛着」は一人の特別な存在との強く永続する感情的な結びつきであり、これが妨げられると発達上長い期間影響を受けるという点で、他の関係とは異なる次元のつながりなのです。

幼年期における母親の愛は、肉体の健康にとってビタミンやタンパク質が重要であるのと同じくらい、精神の健康にとって重要である。

ジョン・ボウルビィ

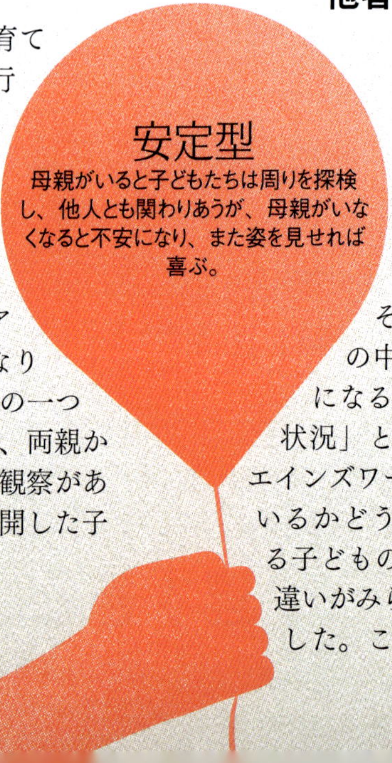
安定型
母親がいると子どもたちは周りを探検し、他人とも関わりあうが、母親がいなくなると不安になり、また姿を見せれば喜ぶ。

愛着には3つの
タイプがある……

他者という危険

メアリー・エインズワースはこの研究をさらに続け、愛着の対象は子どもに「安全基地」を提供すると考えるようになります。そこから子どもは世の中を探索できるようになるのです。「見知らぬ状況」と呼ばれる実験で、エインズワースは母親が部屋にいるかどうかで、他人に対する子どもの反応にどのような違いがみられるかを調査しました。ここで3つの風船に

必要なのか？

愛着に
問題のある子の
行動は、社交的にも
情緒的にも幼い
という傾向が
ある。

示したように、愛着には安定型・不安－抵抗型・不安－回避型と呼ばれる3つの異なるタイプがあるという結果が得られました。

安定型の愛着は、子どもが将来の人間関係のための枠組みを築くのに役立ちます。逆に安定した愛着の得られない子の場合、その後の人生で強い絆を結びにくい傾向があるということです。

不安－回避型

子どもたちは遊んでいるときはおおむね母親を無視し、一人にされると動揺するが、他人によって容易に慰められる。

大きな家族

母子関係重視の考え方に対し、母親以外の人々との結びつきでも子どもは健全に成長できると考える心理学者もいます。マイケル・ラターは、父親、兄弟姉妹、友人、ときには無生物でさえ乳幼児の強い愛着の対象となりうることを示しました。ブルーノ・ベッテルハイムも母子の結びつきばかりに特別な価値を認めることを問題視します。イスラエルの集団農場キブツの研究において、子どもは家族から離れて共同体の中で育てられても情緒的不安に陥るような例はあまりないことに注目しました。実際にはそういう子どもたちは活発な社会生活を送り、立派な職に就いているということです。しかし傾向としてその子たちは大人になって親密な絆を結ぶことが少ない、という批判的な指摘もあります。

不安－抵抗型

子どもたちは他人を避け、周囲を探索しようとしない。母親から引き離されると動揺し、母親が再び姿を現わすと怒りをあらわにする。

抱きつく子ザル

心理学者ハリー・ハーローは子ザルを人工の「母親」とともに生活させた。母親役に布製の柔らかいぬいぐるみと針金がむき出しだが哺乳瓶のついた人形を置く。子ザルは哺乳瓶からミルクを飲むと、すぐにぬいぐるみの「母親」のほうへ戻って甘える。これは子ザルの情緒的欲求を満たすことが、生理的欲求の満足に劣らず重要であることを教えている。

成長できない？

歴史上多くの時代、子どもは単に「小さな大人」であって、その精神の働きは大人と同じでただ知識面で同等になっていないだけだ、とみなされてきました。年齢とともに体が発達するように、精神も発達することを心理学が理解したのは、20 世紀に入ってからのことです。

青年期の脳は発達段階にあり、10 代の若者は成人より多くの危険を冒す傾向がある。

0~1 歳
親を信頼し、安全を感じることができる。それが自分という感覚の土台になる。

1~3 歳
探索行動によって自立感と意志の力が発達し始めるが、同時に失敗や不承認に対処しなくてはならない。

3~6 歳
遊びに創造性が出てくるが、他人への影響を考えれば望むことを何でもできるわけではないと気づく。

6~12 歳
新しい技術を身につけ、自分の得意なことに気づき、自信がつく。

12~18 歳
人生の目的や社会の中での自分の位置について考え始め、自分とは？という意識を発達させる。

年を重ねるにつれ、私たちはさまざまな発達段階を進んでいく……

参照：24-25, 28-29, 32-33

教化されて大人になる

発達心理学の開拓者 G・スタンレー・ホールは、私たちの心が児童期・青年期・成人期と段階をふんで発達していくことを初めて提唱しました。まず子どもとして成長した後、誰もが経験する 10 代の不穏な時期には、自己を意識し、多感で向こう見ずな季節を過ごし、その後「教化された(civilized)」大人になるのだ、とホールは言います。1930 年代にはスイスの心理学者ジャン・ピアジェが、幼少期の決定的重要性に気づきました。彼はすべての子どもが順に通過する 4 つの心の発達段階について説明しています。その理論によれば、子どもは現時点の段階を完了しなければ次の段階に進めません。最も重要なのは、子どもは教えられるのではなく、この世界を自分の身体で探りながら成長するという点だとピアジェは力説します。いろいろなことを自分でゆっくり試しながら、知識や技術を身につけていくのです。

世界の探索

ピアジェの第 1 段階(0~2 歳)では、子どもは視覚・聴覚・触覚・味覚・嗅覚を通じて身のまわりの物事

18~35 歳
新たに親密な関係や
友情を築き、
既存の人間関係の
幅を広げる。

を学び、自分の体の動きをコントロールする方法を身につけていきます。この「感覚運動期」には子どもは物や他者を識別しますが、すべてを自分の視点から見ていて、他人には違う見方があるということは理解できません。第2段階の「前操作期」(2~7歳)になると、物を動かしたり大きさや色で分けたりする能力など新たな技術を獲得します。他人には他人独自の考えや感じ方

> **子どもの精神は、大人とは根本的に異なっている。**
> **ジャン・ピアジェ**

があることがわかり始めると、第3段階の「具体的操作期」(7~11歳)に入り、具体的なものに限れば子どもはより論理的な操作を実行できるようになります。たとえば液体を広く浅い容器から細くて深い容器に移しても、液体の量が変わらないことを理解できます。第4段階の「形式的操作期」(11歳以降)には、初めてそれまでの限界を超え、愛・恐れ・罪・羨望(せんぼう)・善悪などの抽象的概念について考えることができるようになります。

人生の光と影

発達段階についてのピアジェの考えは、心理学と教育の両方に多大な影響を及ぼしました。ただ、私たちの発達は大人になったら終わるのではなく、生涯を通じて心理学的に進化し続ける、と考える学者もいます。1950年代にエリク・エリクソンは、乳児期から老年期までの8つの心理学的発達段階を明らかにしました。彼はこれを人生の「基本モデル図」と説明し、学校や職場で家族・友人関係に表れる人生の肯定的な面と否定的な面の葛藤によって各段階を意味づけています。たとえば3~6歳の頃、私たちは主導権と罪悪感との闘いを経験します。私たちは自分の望むとおりにいろいろできるようになるのですが、自分の行為が他人の迷惑になったりすると罪の意識を感じる場合も出てきます。18~35歳の時期には、親密さや孤立に直面するようになります。親密な関係を発展させることもありますが、それが失敗に終わると孤独を感じることになります。人生最後の段階では、私たちはある種の達成感を味わえるはずです。もちろんそれまでの段階で肯定的な面を経験していれば、という前提が必要ですが。

自分に見とれる

子どもの自己認識を調べるための研究で、生後6か月から24か月までの乳幼児の鼻の上にこっそり印を塗りつけて、鏡に映して見せるという実験がある。「あれは誰？」と問いかけると、幼い子は別の誰かが映っていると思いこむが、年長の子は自分だと認識し、鼻についた印に触ろうとする。この研究から、私たちが自己認識の感覚を身につけるのは18か月前後であることが明らかになった。

35~65 歳
身を固めて、
子育てや
キャリアなどの面で
充実感を抱く。

65 歳以降
人生で成し遂げたことから
達成感、満足感を
感じる。

人は作り

私たちは自分のすることや人生での選択については、自分でコントロールしていると考えたがります。でも私たちの行動は、自分の身に起こった出来事やそれに対する反応によって、ある程度まで形づくられています。人々の行動を意図的に作りあげ、訓練によってどんな行動をとらせることも可能だと主張する心理学者もいます。

どんな職業でも選べる? ➔
すべての赤ん坊は何も知らずに生まれるが、その子の人生行路は将来の職業も含めて条件づけ次第でコントロールできると、ジョン・B・ワトソンは考えた。

誰でも訓練次第でなんでもできるようになる。

刺激と反応

動物にある特定の反応を起こさせるにはどのように刺激を与えればよいか――このことについて最初に重要な発見をしたのは、心理学者ではなく、ロシアの生理学者でした。イヴァン・パヴロフは犬が分泌する唾液の量を調べる実験をしていて、餌が準備されていることを犬が予想して先に唾液を出し始めることに気づきました。興味をもったパヴロフは餌を与えるときに毎回ベルを鳴らしてみます。するとまもなく犬はその合図で餌を連想するようになり、やがてベルの音を耳にするだけで餌が出てこなくても唾液が出るようになります。犬はベルの音に反応するように条件づけされた、とパヴロフは説明しました。餌を見て唾液が出るのは自然な「無条件の」反応ですが、ベルの音で唾液分泌が起こるのは新たに獲得された反応で「条件反射」と呼ばれます。このパターンの刺激と反応は「古典的条件づけ」として知られるようになりました。

私たちは白紙の状態で生まれてくる

行動主義と呼ばれる心理学を信奉するグループは、パヴロフの理論をもとにしてさらに人間の行動を説明しようとしました。子どもは白紙の状態で生まれてくる――子どもはなんの知識もなく生まれ、条件づけを用いればなんでも教えられる、そうジョン・B・ワトソンは信じました。彼の考えでは、恐れ・怒り・愛といった人間的感情が私たちの行動の鍵になります。私た

あげられる？

ちは刺激に対してこういった感情的反応の一つを表すように条件づけることができる、ちょうどパヴロフの犬に生理的反応を示す条件づけができたように、とワトソンは説きます(リトルアルバートの例を参照)。しかしワトソンが人間に条件づけを用いたことは激しい議論を呼び、やがて人間(特に子ども)を被験者とした条件づけの実験は避けられるようになりました。

10人ばかりの赤ん坊を私のもとに連れてきてごらんなさい……その中の一人を無作為に選んで、訓練によってまちがいなくどんな種類の専門家にも育てて見せますから。
ジョン・B・ワトソン

試行錯誤

他の行動主義心理学者は、動物の行動について判明したことは人間にもあてはまると考えて動物実験を続けます。エドワード・ソーンダイクは、猫が問題解決の仕方をどう学ぶかについて、一連の実験を考案しました。仕掛けのある箱に閉じこめられた空腹の猫は、脱出して餌を手に入れるために、出口を開けるボタンやレバーのような仕組みの使い方を理解しなくてはなりません。観察してみると、猫は試行錯誤によってその仕組みに気づき、うまくいかなかった行為は忘れてしまいます。人間を含む動物はみな行動と結果を結びつけることによって学習すると、ソーンダイクは結論を下しました。この結びつきは成功と報酬によって強化され、行為の反復によってさらに強められると、彼は力説しています。エドウィン・ガスリーも動物が行為を報酬に結びつけるようになることに同意しています。ただしガスリーは、学習を確かなものにするために反復に頼る必要はないと主張し、これを餌を発見したネズミの例で説明しました。「ネズミがいったん餌の袋をつきとめてしまえば、またそこに戻ってくると考えていい。」

参照：26–27, 28–29

イヴァン・パヴロフのやり方にならって、多くの犬の訓練士がペットの訓練に古典的条件づけを取り入れている。

リトルアルバート

ジョン・B・ワトソンは生後9か月の赤ん坊アルバートについて一連の実験を行い、議論を呼んだ。白いネズミ(他に白い毛で覆われたものなど)を見せ、同時に恐ろしい騒音を聞かせて関連づけさせると、アルバートは白い毛の生えたものにおびえるように条件づけられた。現在では、深い心的外傷を与えることにもつながるとして、人間相手にこの種の実験をすることは倫理に反すると考えられている。

教育なんて必要ない？

カラーブロックで遊ぶ子どもは幾何を学び、空間の捉え方を身につける。

伝統的に、学習は教えられたことの暗記だと考えられていました。しかし学び方の研究が深まるにつれて、教育についての考え方は変化していきます。機械的な手順や反復で学ぶことが最善の方法ではないことがわかってきました。学習する必要があるのはもちろんですが、どんな方法で学習するかがとても重要なことなのです。

記憶に残す

19世紀の心理学を開拓したヘルマン・エビングハウスは記憶に関する研究を続け、何かを覚えようとするときには努力の時間が長く回数が多いほど、記憶に残りやすいことに気づきました。何かをしっかり身につけるには一生懸命何度も繰り返すべきだ、という考えを裏づけるものです。1世紀後、行動主義の心理学者たちは、私たちが経験によって学び、自分がしたことに報酬が与えられればそれを記憶して繰り返すことができる、と唱えました。行動主義者の中には、反復によって学習を補強することの重要性を強調する学者もいます。学んだことを繰り返して記憶に定着させることが大切だというのです。B・F・スキナーは成功が繰り返されるごとになんらかの報酬が与えられるべきだと主張し、自ら「ティーチングマシン」なる機械を考案しました。問題に正答できれば即座に称賛という形で生徒に反応し、不正解の場合にはやりなおしを要求するというものでした。

私たちが最もよく学ぶの

理解こそ学習の鍵

エビングハウスも、何かをしっかり身につけるには単なる反復を超えるものが必要であることは理解していました。私たちは何かを記憶するとき、自分にとってなんらかの重要性や意味があるもののほうがずっと覚えやすい、ということに彼は気づきました。後に心理学者たちはこの考えに再び注目します。どうやって物事を記憶に焼きつける

鋭い質問をぶつける技術は、明快に答える技術に劣らず重要である。

ジェローム・ブルーナー

際の経験を通じてである。

実際に体験して学ぶ
教育において、子どもにとって必要なことは年齢によって異なる。ピアジェは、実験をしたり、模型を組み立てたりといった、自分の手を動かす経験の重要性を力説した。

「いないいないばー」

ピアジェによれば、子どもは自分の発達段階に合ったことしか学べない。ある実験で、ピアジェは子どもにおもちゃを見せてから、目の前でそのおもちゃを布の下に隠したときの子どもの様子を観察した。8か月より上の子は布をめくっておもちゃを捜そうとするが、8か月に満たない子にはおもちゃは隠されていてもまだそこにあるということが理解できない。

参照：16–17, 56–57, 58–59

かということより、学んでいる最中に私たちの心の中でどんなことが起こっているのか、という観点からこの問題を考えるようになったのです。何か意味があることのほうが覚えやすいことをエビングハウスが示して以来、私たちは物事の意味を把握しながら学ぶと心理学者は考えるようになりました。ヴォルフガング・ケーラーは、問題解決の際に私たちが物事の働き方についての洞察を得ると考えました。エドワード・トールマンはそれをさらに進めて、私たちは学んだ考えからそれぞれが世界の「認知マップ」を作りあげると説きます。以上のようなアイディアを心は情報処理装置だという自身の考えと結びつけて、ジェローム・ブルーナーは学習が単に情報を記憶に組み入れることではなく、思考と推論のプロセスを含むものだと主張しました。何かをきちんと身につけるには、まず理解する必要があるのです。

学ぶにはやってみること

ピアジェは「学び」を発達段階の観点から見直しました。子どもの学びは各発達段階の限界に合わせて変化していく過程である、と彼は言います。子どもは特に早い段階では試行錯誤を通じて学ぶという行動主義の理論と、発見の意味を理解することで学んでいくという認知理論を、ピアジェは組み合わせました。しかし最も重要なのは、教育は子どもの視点を中心にして考えるべきであり、個々の必要や能力に合わせることが重要だと強調したことでしょう。世界を探索し理解するには子ども自身が想像力を使うことが大切です。幼少期にはそれは「遊び」という形をとります。そして子どもが成長していく過程では、教師や本から機械的に学ぶのではなく、自分の手で触れる経験を通じて最もよく学んでいくのではないでしょうか。

教育の目標は新しいことをする能力をもった人間を創り出すことにある。

ジャン・ピアジェ

イヴァン・パヴロフ

1849–1936

ロシア西部のリャザンに生まれたイヴァン・パヴロフは、当初は父親の跡を継いで司祭になるための勉強をしていましたが、神学校を出るとサンクトペテルブルグ大学へ移り、自然科学と外科医学を学びます。軍医学校の教授になり、後に実験医学研究所で生理学部門の所長となりました。優れた生理学者として最もよく知られていますが、その仕事は行動主義心理学の土台を築くこととなりました。

犬の食事

パヴロフは犬の唾液分泌に関する実験で有名になる。餌を期待して犬が唾液を出すことに彼は注目し、これを無条件刺激に対する無条件反応と呼んだ。餌を差し出すたびに毎回ベルを鳴らすと、やがて犬はベルが鳴っただけで唾液を分泌するようになる。特定の刺激に対して特定の反応を誘発するように仕向けるこのプロセスは、「古典的条件づけ」として知られるようになった。

後戻り

後の実験でパヴロフは、条件づけはもとに戻すことも可能であることを示した。たとえばベルが鳴ると唾液が出るように条件づけされた犬でも、餌がまったく与えられないことが続けば、条件反射を「解除」することができる。また与える刺激が報酬ではなく電気ショックなど罰に結びつく場合、動物を恐れや不安によって条件づけできることも示された。

「おいしそうな食べ物を見れば、空腹な人間なら唾液が出る。」

パヴロフは
4年連続で
ノーベル賞候補に
名を連ね、
1904年についに
生理学・医学賞を
受賞した。

厳密な条件

後の心理学者はパヴロフの発見とその研究方法の両方から影響を受けることになる。科学者としての訓練に忠実であったパヴロフは、科学的に厳密な条件の下で実験を行うことにこだわった。19世紀の終わりに独立した学問として登場したばかりだった心理学は、その理路整然とした研究方法を取り入れることで、実験心理学という新しい科学として確立された。

歯に衣(きぬ)着せぬ発言

パヴロフが実験医学研究所の所長だったときに、ロシア革命が起こって帝政が崩壊し共産党によるソビエト連邦が成立する。新政府はパヴロフを高く評価し、その仕事に資金を出し続けたが、本人は共産党政権を嫌っていたようだ。政権批判も臆することなく、ロシア知識人への迫害に抗議する書簡を政府指導部に対し多数書き送った。

生きることと学ぶこと

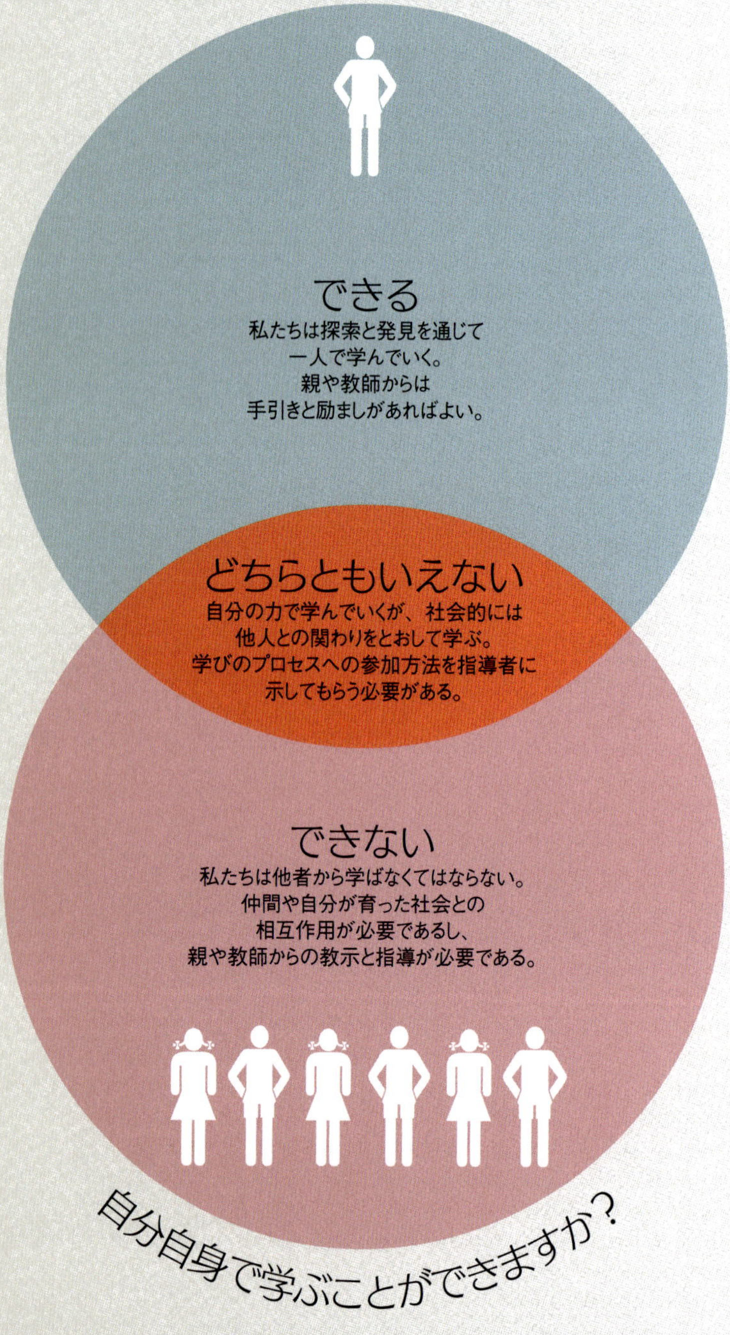
できる
私たちは探索と発見を通じて
一人で学んでいく。
親や教師からは
手引きと励ましがあればよい。
どちらともいえない
自分の力で学んでいくが、社会的には
他人との関わりをとおして学ぶ。
学びのプロセスへの参加方法を指導者に
示してもらう必要がある。
できない
私たちは他者から学ばなくてはならない。
仲間や自分が育った社会との
相互作用が必要であるし、
親や教師からの教示と指導が必要である。
自分自身で学ぶことができますか？

かつては親や教師が単純に子どもに知識を与え、物事のやり方を教えるのは当然のことだと思われていました。しかし子どもは自分自身で発見しながら学んでいくという新しい考え方が提唱されると、私たちは自分だけの力でどのくらい学べるのか、他人から教えてもらう必要はないのか、といった問題が考察されるようになりました。

若き科学者

ジャン・ピアジェは、児童教育における親と教師の伝統的な役割を疑問視した最初の学者の一人です。彼の考えでは、大人は知識や技術を子どもに押しつけようとすべきではなく、子どもが自分で物事を学ぶように励ますだけでよいのです。子どもが周りの世界を学ぶためには、自ら探検し創造性を発揮する必要があるとピアジェは信じていました。その理論の核心は、学びとは個人的なプロセスであり、一人一人が自分で体験していく過程だという考えです。子どもは科学者に似ている、とピアジェは考えます。物事の働き方を見るために実験をし、その結果の観察と理解によって原理を学ぶのです。この考え方は大きな影響を及ぼし、子どもの自発性をそれまで以上に重視した教育体制の導入を促しました。そこでは子どもたちは受け身の観察よりもむしろ実践的な活動を通して学んでいきます。

緑に囲まれた野外で遊んで過ごすことは、子どもが自分で工夫する技術を身につけるのに役立つ。

若き見習い

　ピアジェの理論は革命的ともいえるもので、すべての心理学者がこれに同意したわけではありません。たとえばレフ・ヴィゴツキーは、児童教育における他者の重要性を強調しています。教師はやはり教える役割を担(にな)うべきであり、生徒に自分で発見させるよりも、何をどう学ぶかについて常に生徒を指導すべきだというのです。ヴィゴツキーは、子どもを科学者のイメージで見ることに反対し、代わりに技術や知識を他の誰かから学ぶ「見習い」と考えるべきだと主張しました。私たちは発見はするけれども、学ぶというのはあくまでも相互作用の過程だと彼は信じていました。私たちは親や教師から、さらに広く文化からも、価値や知識を吸収します。そしてその使い方を、自分で学んだ知識の使い方とともに、仲間との経験を通して学んでいきます。20世紀も押しつまった頃にはヴィゴツキーの考え方が復活し、子ども中心の教育から、定まった指針に従う授業中心の教育へと移行する流れが生まれました。

両者を少しずつ

　ピアジェとヴィゴツキーの理論は正反対のように見えますが、両者とも教育は子どもが能動的に関わる過程だと説明しています。この考えは認知心理学者ジェローム・ブルーナーに受け継がれました。私たちは伝統的な意味で教えられるのではなく、探究と発見を通じて知識を獲得していくのであり、学びとは子ども一人一人が経験しなくてはならないプロセスである、というピアジェの考え方にブルーナーは同意します。しかし同時にヴィゴツキーにならい、それは社会的なプロセスであって孤立した活動ではないとも考えます。学びには実際の経験を通して物事の意味をつかむ必要がありますが、他者との活動はこの過程にとって有益です。ブルーナーにとって指導者の役割は、知る必要があることを教えたり示したりすることではなく、学習体験を通じて子どもを導くことなのです。今日ではほとんどの教育者が、通常の授業と体験学習とをバランスよく実践しています。

> **誰かを指導するとは……過程(プロセス)に参加するように教えることである。**
>
> **ジェローム・ブルーナー**

運動をすると、脳が情報を吸収しやすくなるような化学物質が体内でつくられる。

参照：16-17, 20-21

家具の配置

　子どもを２つのグループに分け、それぞれ人形用の部屋に家具のおもちゃを配置させてみる。一方のグループでは子どもには単独で好きなように作業させ、もう一方のグループでは母親と協力させる。その後子どもだけでもう一度その作業を繰り返すように言うと、はじめに母親と協力したグループは単独のグループより作業に改善がみられた。この例は、子どもは大人に励まされたほうがよく学べることを示している。

> **私たちは他者を通じて自分自身になる。**
>
> **レフ・ヴィゴツキー**

なぜそんなふうに

成長するにつれて、私たちは知識や技術ばかりでなく、日常生活の中でのふるまい方も学んでいきます。私たちの行動は他者の承認や不承認によって形成されると信じる心理学者がいます。一方で、私たちは単に他人のすることを見てまねをしているにすぎない、と考える学者もいます。

行動に報いる

ジョン・B・ワトソンやソーンダイクなど初期の行動主義の学者による実験により、行動の条件づけが可能であることが示され、私たちのふるまいは刺激と反応つまり「古典的条件づけ」の結果であるとの信念が生まれました。後の行動主義学者B・F・スキナーはネズミとハトを用いて研究を続け、動物たちは何かをするように訓練できるだけでなく、何かをしないようにも訓練できることを明らかにしました。彼が用いたのは「オペラント条件づけ」と呼ばれるタイプの方法です。この条件づけでは動物に「正の強化」(スキナーは「報酬」よりこの言葉を好んだ)が与えられます。つまりうまく課題をこなしたときには餌を与え、逆にすべきでないことをしてしまったときには、電気ショックのような「負の強化」

悪癖をまねる
バンデューラによれば、私たちは他人を模倣することで行動を学んでいく。たとえば大人が罵り言葉を吐くのを聞けば、子どももその種の汚い言葉を使うようになる。

ふるまうのか？

私たちは家庭で習慣を身につける。ほとんどの子どもは親と同じくらいの時間テレビを見て過ごす。

(罰)を与えます。スキナーは、オペラント条件づけは子どもの行動形成に利用できると考えました。何かができたときには褒めてあげるというのはその例ですが、望ましくない行為に対する懲罰についてはスキナー自身不安もあり、正の強化のほうが気に入っていたようです。オペラント条件づけというアイディアは特定の行動の教え方については説明していますが、その行動がなぜ望ましいのか、望ましくないのか、という点については必ずしも明らかにしてはいません。

模範を示す

行動を形づくるのは親や教師などの褒め方や罰し方ばかりではない、と説く心理学者もいます。アルバート・バンデューラは、人は手本によって行動を身につけると考えました。他人を見て、さまざまな状況における行動パターンがあると私たちは気づきます。そしてそういった行動がその状況にはふさわしいのであり、社会的・文化的な規範というものだと想定します。人々のふるまい方を記憶して、頭の中で予行演習し、似た状況にあるときには自分も同じ反応ができるようにしておくのです。他者の観察と模倣を柱とするこの「モデリング」という考え方は、バンデューラが「社会的学習理論」と呼ぶ説の中心概念になっています。

行動は「正の強化」と「負の強化」によって形づくられる。

B・F・スキナー

偏見に染まる

社会的学習のもう一つの側面として、他の人たちから精神的姿勢を受け継ぐという現象があります。もちろん私たちの文化的信条を伝えていくというよい面があるわけですが、同時にマイナスの側面もありうるのです。社会的態度の中には、人種差別のような偏見も含まれます。1940年に、ケネス・クラーク、マミー・クラーク夫妻は、差別されているアフリカ系アメリカ人の子どもと同年齢の白人の子どもがどのように社会的態度を身につけていくのかを調べました。子どもに白と黒の人形を与え、どちらが好きかと尋ねてみると、黒人・白人に関わりなく、ほとんどの子どもが白い人形と答えました。この結果は、自分が育ったコミュニティーで黒人は白人より劣っているという偏見を子どもたちが吸収していたことを暗示しています。

参照：18–19, 28–29

人形をたたく

バンデューラはある実験で、大人が「ボボ人形」(一種の起きあがりこぼし)に乱暴をするのを子どもに観察させた。別のグループの子どもには大人が優しく人形に接するのを見せ、最後のグループにはモデルとなる大人のふるまいを見せない。子どもと人形だけを部屋に残すと、大人の攻撃的行動を見た子どもたちは人形に対してやはり暴力をふるい、他の子どもたちは乱暴をしなかった。私たちが他者を模倣することで行動を学ぶ、というバンデューラの見解が妥当であることがわかる。

正しいこと・

よい行動と悪い行動の違いを学ぶことは、成長過程において重要な部分を占めています。行動主義の学者たちはよい行為と悪い行為は報酬と罰によって定められると考えましたが、後の心理学者は善悪の感覚は段階をふんで獲得されるものだと説いています。

研究によれば、10分の会話の間に、なんと60%の人が少なくとも1回は嘘(うそ)をつくという。

道徳教育

長い間、善悪についての学習など子どもの道徳的発達は教え方で決まると考えられていました。道徳的行動は条件づけによって形成できると、行動主義の心理学者は信じました。刺激と反応を利用して、よい行為は報酬によって条件づけできるし、悪い行為は罰によって抑制できると考えたわけです。しかしほとんどの人間は重大な犯罪に手を染めたことなどなく、罰を受けたこともないのに、殺人がまちがいだと知っているという指摘があります。人は模倣によって学ぶと言われますが、攻撃的なビデオゲームで遊ぶ子どもも一般的には暴力行為に走ったりはしません。それがまちがいだと知っているからです。

> **最も単純な仲間どうしの遊びにも、子ども自身が知恵をしぼって作りあげたルールが見いだされる。**
>
> **ジャン・ピアジェ**

遊びのルール

子どもの発達に関するピアジェの研究では、かなりの部分が道徳的発達に向けられています。彼は多くの子どもに、盗みや嘘など道徳上まちがったことについて尋ね、さらに子どもたちが一緒にゲームをして遊ぶ様子を観察しました。精神の一般的発達と同様に、道徳的感覚も段階的に発達することにピアジェは気づきました。そして教えられるよりも自分で周りの世界を探りながら学んでいくという考えにそって、子どもは正しいこととまちがったこと、公平と不公平などの意識を、同年齢の仲間との関係を通じて自分の力で発達させていくと考えました。遊びの中で子どもたちは、正義・平等・互恵など進化途上の概念を反映したルールを、教師や親や他の権威あるものの手を借りずにまったく独自に作り出します。

> **道徳心の発達過程は6つの段階からなる。**
>
> **ローレンス・コールバーグ**

正しい方向へのステップ

ローレンス・コールバーグはピアジェの考えをさらに一歩進めます。彼は道徳意識の段階的発達には同意しましたが、道徳感覚は子ども本人だけでできあがるものではなく、権威的存在や社会全体も影響力をもつと感じていました。また道徳的発達は子ども時代を

まちがったこと

よい？　悪い？ ➔

私たちは生まれながらよいことと悪いことを知っているわけではなく、成長を通じて善悪の知恵を獲得する、と心理学者は考える。そうだとしても善悪の境界線ははっきりしているわけではない。

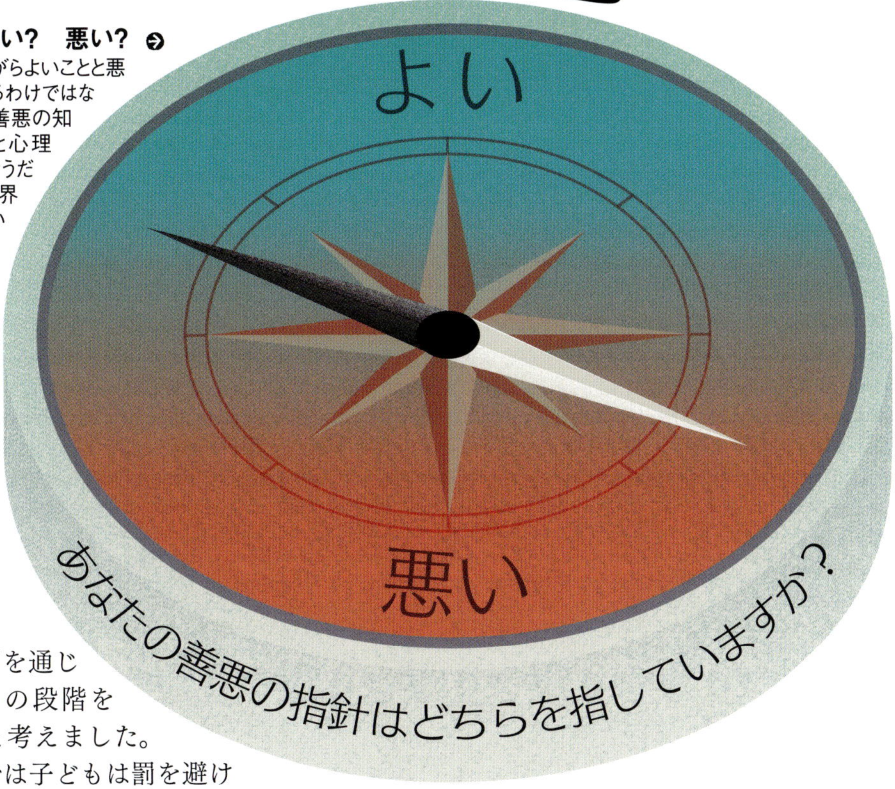
よい
悪い
あなたの善悪の指針はどちらを指していますか？

越え、青春期を通じて続き、6つの段階を進んでいくと考えました。初めの段階では子どもは罰を避けることに関心があり、次に進むとある種の行動が「ごほうび」に結びつくことに気づきます。第3段階では「よい子」だと認められるために、自分が期待されていると信じる枠(社会規範)に自分を合わせようとします。第4段階で子どもは、行動の基準となるルールが親などの権威的存在によって定められていることを認識します。青春期に入ると、子どもはルールや行動規範の理由、そして自分の行動が他人にどう影響するかを理解し始め、最終段階では正義・平等・互恵などに基づいた道徳観を形づくることになるのです。

参照：16–17, 18–19, 26–27

子どもの下す判決

道徳的発達についての調査で、子どもに人形劇を見せた。ある人形はボールをパスして返すが、別の人形はボールを持って逃げてしまう。その後、人形たちの前にはそれぞれ「ごほうび」のお菓子が置かれ、子ども一人一人にどちらかからお菓子を取らせる。するとほとんどの子どもは「いけない」人形の方からお菓子を取り、正義感に燃えた1歳の子などはその人形にお仕置きまでしようとした。

メアリー・エインズワース

1913–1999

メアリー・エインズワースは子どもの発達、特に母子関係に関する研究で、よく知られています。アメリカのオハイオ州で生まれましたが、カナダで育ち、トロント大学で心理学を学びました。1950年には夫である英国人心理学者レナード・エインズワースとともにロンドンに渡り、タヴィストック・クリニック(精神医療研究施設)においてジョン・ボウルビィの下で仕事をします。1956 年にアメリカに戻り、ジョンズホプキンズ大学やヴァージニア大学で教えました。

採用する才能

第二次世界大戦中にエインズワースはカナダ軍の女性部隊で働き、少佐にまで昇進した。そこでは将校の候補を選ぶために兵士たちとの面接を重ねた。これが面接・記録・結果の解釈などの技術を磨く上で貴重な経験となり、人格の発達に関する心理学研究に興味をもつきっかけとなった。

アフリカでの研究

1950 年代にはアフリカのウガンダで 2 年ほど過ごし、部族社会における母子関係について研究した。9 か月にわたって、生後 1 か月から 2 歳までの子どもがいる母親と定期的に面接を重ねた。ここから、エインズワースは絆(きずな)と愛着についての彼女なりの考えを発展させ、子どもの要求に対する母親の感受性が重要であることに、注目するようになった。

エインズワースは、インクの染みがどう見えるかというパターンで人の性格を評価する「ロールシャッハテスト」の専門家だった。

「ストレンジシチュエーション」という実験

1969年にエインズワースは、母子間のさまざまな愛着のタイプを調べるために、後に「ストレンジシチュエーション」（見知らぬ状況）と呼ばれる実験を行った。おもちゃで遊ぶ1歳児と母親がいる部屋にまず見知らぬ他人が入り、次に母親が退室して他人だけと過ごし、最後に母親が戻ってくるという状況で、子どもの反応を観察するというものだ。子どもたちは母子関係の強さに応じて、さまざまな反応を見せた。

「愛着とは、一人の人間を別の誰かに身近に結びつけ、時間がたっても持続する愛情の絆である。」

専業の母親

エインズワースは子どもにとって保護者への安定した愛着の形成がどれほど重要であるかを力説したが、このために母親が自分のキャリアを犠牲にしなくてはならないと考えたわけではない。母親が専業主婦にならずに、仕事と子どもの世話を両立させることは可能だと、彼女は考えた。また父親の役割と父子の絆の重要性について、もっと調査が必要であると感じていた。

主観的年齢は心の中で
自分が感じる年齢。
ほとんどの人は実年齢より
若いと感じている。

社会的年齢は、
考え方や態度とともに
実際に行っている活動を反映する。

遅すぎることはない？

年齢を重ねるにつれて、私たちはいくつかの発達段階を経験していきます。65歳前後で仕事中心の生活を終えると最後の段階に入るといわれますが、現代ではこの最終段階が30年以上続くこともあります。「老年期」は衰退の時期とみなされることも多いですが、変化と新たな興味のための時間になる可能性もあります。

> **なるほど過去は実際にあった。**
> **未来もやがて来るだろう。**
> **しかし私たちが存在するのは、**
> **今この瞬間だけだ。**
> **ロバート・カステンバウム**

老年期の問題

エリク・エリクソンは老年期を8つの発達段階のうちの最後のステージ——のんびりと人生を振り返る時期として説明しました。しかし彼が1950年代にこの考えを発表して以来、老年期に対する考え方はかなり変化しています。今では多くの人が退職後も長生きし、この段階をさらなる発達の時期と捉えることが普通になっています。残念ながら、高齢になっても発展し続けるチャンスは皆に例外なくあるわけではありません。身体の衰えによって、活動の続行が困難になることもあります。加齢による肉体的問題の中には、精神機能に直接影響するものもあります。たとえば脳卒中は脳に損傷を与えて、肉体と精神の両方に障害を引き起こしかねません。さらにパーキンソン病やアルツハイマー病などの神経変性疾患（脳や神経組織が損なわれる病）は、高齢になると特にかかりやすくなります。

年齢を重ね、知恵を深める

老年期に肉体的な能力が衰えても、精神的な能

さまざまな観点による「年齢」がある。

生物学的年齢は、
自分では何歳に見えるか、
他人の目には何歳に見えていると
思うかを反映する。

私の年齢
心理学者カステンバウムによると、私たちには実年齢の他に3つの「年齢」があるという。ほとんどの老人は自分が外見では老(ふ)けて見えると思っているが、気持ちの上では実際の年齢より若いと感じている。

世界は
高齢化している。
60歳を超える
人の割合は、
今後50年で倍になる
と予想される。

参照：16–17, 42–43

力は劣化するとは限りません。ソーンダイクは、神経変性疾患にかからない限り記憶力は加齢によってそれほど衰えるものではないし、高齢者でも若者とほとんど同様に(速さは同じではなくても)学び続けることができると信じていました。最近の調査によると、知能も比較的年齢の影響を受けずに維持できるようです。たとえ新たな問題の解決能力が衰えても、知識や知恵は深められます。だから引退後の日々は新たな関心事に取りかかるには、とりわけ精神的活動に関わることを始めるには、もってこいの時期なのです。それで精神的な衰えを止められるというわけではないかもしれませんが、全体として生活の質が改善することは明らかです。

若さは気持ちから

　私たちは一定の年齢を越えた人たちを単純に老人と考えがちですが、老年期にもさまざまな段階があり、自分の年齢に対して示す姿勢は暮らし方に影響を及ぼします。ロバート・カステンバウムという心理学者はアンケートを用いて、さまざまな観点による「年齢」があることを示しました。回答者に実際の年齢とともに、自分の体が自分や他人の目にはいくつに見えると思っているか(生物学的年齢)を尋ねます。さらに自分の活動、考え方、意見、態度から考えられる年齢(社会的年齢)、心の奥底で自分が感じる年齢(主観的年齢)も答えてもらいます。驚くことではないですが、ほとんどの人は実年齢より自分は若いと感じているようです。

空手の効用

　あるドイツの調査で、67歳から93歳までの人たちにさまざまなトレーニングをしてもらった。第1のグループは純粋に精神的な訓練を、第2のグループは純粋に肉体的な訓練を受けたが、第3のグループは空手を学んだ。数か月後、肉体と精神の訓練が結びついた空手の稽古によって、参加者の感情面での健全性や生活の質が著しく改善したことがわかった。

実生活の中の
発達心理学

おしゃべりしているのは誰?

赤ん坊は生まれて数週間以内に、親のあやす声をまねようとする。またきわめて早い段階で言葉というものを認識し始め、他人より親に話しかけられるのを好むようになる。このことからも親が子どもに語りかけることが重要である理由がわかる。

体験を通して学ぶ

発達心理学では、子どもが最もよく学ぶのは自由に想像力を使えるときだといわれる。イタリアの教育家モンテッソーリの始めた学校はこの理想に基づいており、生徒たちは教師に教えられるよりも、自ら手を動かす活動と仲間との議論を通じて自力で学んでいくように促される。

「験(げん)をかつぐ」——迷信的ふるまい

ある反応が偶然強化されると迷信的なふるまいにつながることがある、と説く行動主義の心理学者がいる。たとえば野球をしていて、あるソックスをはいているときにホームランが続くと、そのソックスをはくといいプレイができるのではないかと考え始め、毎試合同じソックスをはくようになる、というような場合だ。

年齢と知恵

私たちは年齢を重ねながら賢くなる。適切な判断を下す能力が発達するには、長い時間がかかる。脳の中では前頭葉が決断を下す働きを担(にな)っているが、前頭葉の発達は20代まで続く。だからどうすべきか迷っているときには、親や先生に相談してアドバイスをもらうのが賢明だ。

現在多くのベビーカー製造業者は、赤ん坊が後ろ向きに乗るタイプのベビーカーを販売しているが、これは子どものストレス軽減には親子の対面コミュニケーションが重要だという心理学の研究に従った結果である。親の顔が見えれば子どもは安心し、動揺することが少なくなるという。

安心

不幸な家庭

問題のある家庭環境は子どもの情緒的発達にダメージを与え、しばしば勉強嫌いや反社会的行動につながる。場合によっては大人になってもそういう行動を引きずる可能性があることが、心理学の研究でも明らかになった。将来の犯罪行為を防ぐために、非行少年の更生プログラムはそれぞれの家庭生活に焦点を合わせることが多い。

年齢を重ねていくと、人の行動やできることに変化が起こります。発達心理学では私たちが経験するさまざまな段階や、私たちの成長に影響するものについて研究しています。この研究は子育てや教育に多大な影響を与えてきました。また幼少期の問題と関連づけることで特定の行動の意味を明らかにするのにも役立ってきました。

遠い記憶

ほとんどの人は３歳以前のことは何も覚えていない。これは記憶を刻みつけたり呼び戻したりする方法が、このあたりの年齢で変わってしまうからではないかと考えられる。そうだとしても、保護者と深い絆(きずな)を結ぶこの幼少期が私たちの成長にとって決定的に重要であることに変わりはなく、この時期の経験は長く続く影響を及ぼす可能性がある。

悪影響

映画やビデオゲームの暴力シーンは子どもに悪影響を与えるのでは、という議論が心理学者の間にもある。そういう主張に確固とした証拠があるわけではないが、懸念の広がりから映画やゲームに年齢制限（PG指定、R指定など）が導入されるようになっている。

脳は どう働くのか?

ここでいう生物学的心理学または生理心理学とは、脳や神経系の自然科学的研究（神経科学など）を心理学に結びつけたものという意味です。この分野の研究者は最先端の画像技術などを用いて脳で起こっていることを調べ、脳や神経系統の働きが私たちの思考や感情や行動にどう影響するかを解明しようとしています。

心と脳は別のもの?

脳で何が起こっているのか?

脳の損傷からわかること

意識とは何か?

夢を見る

心と脳は

心理学の多くは、私たちがどのように考え行動するか、つまり心の働き方に関心をもちます。しかし私たちの精神が活動している場所は生理学的には脳です。20 世紀には、私たちの脳と行動の結びつきを探る生理学の一分野がめざましく進歩しました。

哲学的精神

神経科学の発展以前は、ほとんどの人が心を身体からは独立した別のものと考えていました。この考え方の源泉は古代ギリシア哲学にまで遡りますが、科学と医学の時代が到来してもなお 17 世紀の哲学者ルネ・デカルトの著作などに根強く残っています。心は「魂」と言いかえてもよく、思考する能力があるが、脳は純粋に肉体の一部で感覚から情報を受け取るために存在すると、哲学者たちは信じていました。心理学が初めて科学として登場した頃、脳の生理的な働きについてはあまり知られておらず、初期の心理学者の多くは哲学的な背景から研究を始めました。その結果、心理学は長期間にわたって心と行動の学問としてのみ存在し、脳を生物学的に研究する神経科学とはまったく別の分野として歩んできました。

物質を超えた精神

今日でも、脳の生理的な構造は思考や行動の理解にはあまり関係がなく、精神作用を表す言葉でどんなことも説明可能だと信じている心理学者もいます。この見解をとる学者の一人はアメリカの認知科学者ジェリー・フォーダーです。1980 年代にフォーダーが発表した説では、認知処理機構としての心は「モジュール」と呼ばれる多くの構成単位でできており、各モジュールはたとえば記憶の呼び出しや発話の組み立てなど独立した機能を備えているとされています。この発想はまったく新しいものというわけではありません。1 世紀前に骨相学といわれる疑似科学が精神を 27 の構成単位に分け、それぞれを脳の部分領域に関係づけていました。ただしフォーダーのモジュール理論では、心的機能は脳の特定部位には結びつけられてはおらず、モジュールは脳の生物学的構造からは独立して存在するものでした。

**心と体の間には
大きな違いがある。**

ルネ・デカルト

骨相学者は
人の頭蓋にある
隆起の大きさで、
その人の知能や性格
までわかると
主張した。

脳の力

神経科学の進歩により、科学者は神経系の構造を研究

別のもの？

……しかし
心を制御している
のは私の脳だ。

できるようになり、脳のさまざまな部分が損傷を受けたときにどんなことが起こるかを観察するようになりました。その結果、脳のさまざまな領域が特定の精神機能に関連づけられるようになりました。心の問題に取り組むというより、脳の仕組みと機能の解明にもとづく心理学が台頭し、脳の生理的な働きと私たちの行動の関係を調べ始めています。脳内を探る高度な技術による脳の活動の観察や測定も可能になりました。たとえば、脳波計で電気信号を検知したり、MRI（磁気共鳴映像法）による画像によって脳内各所の血流を測ったりすることができます。このような技術のおかげで、脳科学者と心理学者は、さまざまな行動に脳のどの領域が関わるのかを観察できるようになったのです。しかしながら、脳の活動は以前に考えられていたよりも複雑で、私たちの心の機能はそう単純に脳の特定部位に対応しているわけではないことも明らかになってきました。脳のある種の活動パターンは異なる複数の精神状態と関連づけが可能で、これは心がまったく独立した統一体だという考えには反するように思われます。ただ、脳科学的なアプローチもまだ私たちの行動の理由を十分に説明するところまでは、とうてい行き着いてはいません。

目覚めている間に、あなたの脳は電球をともせるだけのエネルギーを生み出している。

私たちとは、つまるところ私たちの脳のことだ。
スーザン・グリーンフィールド

スキャン画像の誘惑

2008年にディーナ・ワイスバーグが行った調査によると、科学に携わっていない人々は神経科学の知識やMRI画像を用いて説得されると、心理学的現象の不適切な説明でも信じてしまう傾向が強まるという。この調査結果の発表によって、刑事裁判で陪審に神経科学的証拠を提示することに対する不安が高まった。

脳で何が起こっているのか？

私たちの神経システムはニューロンと呼ばれる多数の神経細胞でできています。神経細胞どうしは化学物質による信号や電気信号を脳や各所に送りながら、伝達し合っています。脳内を画像化する先端技術のおかげで、私たちはこの信号を測定したり間接的に観察したりできるようになり、それが心の機能やプロセスにどう関わるのかを理解できるようになりました。

信号を送る

ニューロンの研究に携わった初期の学者の一人、19 世紀イタリアの解剖学者カミロ・ゴルジが神経細胞の染色法を考案し、信号の伝わる経路が見えるようになりました。ラモン・イ・カハルはゴルジの仕事をさらに進め、ニューロンは実際にはつながっているのではなく、シナプスという接合部分を通じて伝達し合っていることを明らかにしました。各ニューロンは電気または化学物質による信号を「発射」して、隣のニューロンを活性化します。情報はニューロンの連鎖を伝わり、脳と体の各部をつなぐ通路が形成されます。知覚ニューロンは私たちが五感で捉えたことの情報を神経系から脳へと伝え、運動ニューロンは脳からの情報を筋肉など体の各部分に送ります。アルコールや薬物は、このシナプス伝達という伝達過程の性質を変化させることで、脳に影響を与えるのです。

> **ともに「発火」するニューロンは、つながり合う。**
>
> **ドナルド・ヘッブ**

慣れた道筋

脳と体の間で信号をやり取りすることに加えて、ニューロンには伝達によって脳内に道筋を形成するという役目もあります。この接合のパターンは、思考・動作・発話など脳のさまざまな機能に結びつきます。カナダの神経心理学者ドナルド・ヘッブは、私たちが何かを繰り返し行うと脳の細胞間

> 脳内の神経経路は絶えずルートを変更している。

の伝達が繰り返され、その細胞間のつながりが強化されると考えました。すると将来もその細胞群が同じ経路で伝達する可能性が高くなります。こうして、脳は特定の活動や精神機能に関わる神経のつながりを「学習」するのです。ヘッブは脳のこの種の活動を担(にな)う神経細胞の集合を「セル・アセンブリー」(細胞集成体)と呼びましたが、これは脳がさまざまな機能を実行するのに必要な情報を効果的に蓄える役割を担っているといえます。細胞集成体は神経細胞が 1 列に並んで情報伝達を行う単純なラインではなく、絡み合う複雑な神経回路というべきでしょう。たとえば私たちがある友人と一緒にある特定の映画を観るというように、異なることを同時に経験する機会が増えると、集成体の中で 2 つの経路のつながりがより強まり、2 つの考えが心の中で強く結びつくことになります。私たちの長期にわたる記憶はこうして保たれると、ヘッブは主張しました。

脳内の驚くほど入り組んだネットワークこそ、私たちをつくりあげているものだ。

コリン・ブレイクモア

ピアノの練習

脳の活動に関するある研究で、被験者は毎日２時間ずつ５日間ピアノの練習をするように指示された。その後の調査で、被験者の脳内では、ピアノを弾くときに使われる接合部分に以前より大きなスペースが与えられるように、神経経路が再編成されていたことがわかった。被験者の他のグループは実際に演奏せずに心の中で演奏を思い描くように言われたが、彼らの脳の神経経路も同様に再編成されていたという。

コースを変える

脳内を精査する技術により、シナプスの伝達をさらに正確に調べることが可能になっています。神経科学者のコリン・ブレイクモアは、特定の活動が脳の各機能に対応しているものの、それはずっと同じ状態ではなく変化するものであることを示しました。時の経過とともにふるまいが変わり、異なった環境で異なる生活を送れば、神経経路もそれに適応していきます。これは神経あるいは脳の可塑性と呼ばれています。行動や環境の変化に応じて、神経細胞は今までとは違う相手とつながり、新たな経路を形成できるのです。たとえば脳が損傷を受けると、これまでのものに代わるまったく新しいパターンの経路を作りあげることさえあるそうです。

一人の人間の脳内にある細胞と神経線維をつなげて並べると、地球と月の間を往復できる長さになる。

参照：46–47, 64–65

脳の損傷から

私たちの脳では、毎秒膨大な数の信号がニューロンからニューロンへと伝えられています。電気化学的な活動は、私たちのすることや考えることに応じて、脳内の特定の場所で活発になります。脳の一部が損傷を受けると、特定の精神機能に影響が及ぶことがあり、これが脳の働きについての発見につながります。

脳のある部分が損傷を受けても、他の部分が損傷部分の役割を代わりに引き受けることがありうる。
カール・ラシュレー

言語障害

19世紀中頃、フランスの医師ポール・ブローカのもとに言語を発する能力を失った患者がいました。その患者が亡(な)くなると、ブローカは脳を解剖してみます。前頭葉の一部に奇形があることに気づき、その部分が言葉を話すことに関係しているはずだと結論づけました。数年後にカール・ウェルニッケは、脳の別の領域に障害があると言語を理解する能力に影響が出ることに気づきます。この2つの発見は脳の研究における転換点となり、損傷を受けた脳を調べることによって、脳の構造や行動への影響について多くのことがわかるようになりました。

もし誰かがあなたの脳をつついても、あなたは何も感じない。脳自体には痛みの感覚がない。

どこで何が起こるのか?

MRIやCTなどの先端技術を利用することで、科学者は脳の活動を観察できるようになりました。ブローカとウェルニッケが言語活動に関わる領域を発見したように、神経科学者は脳の他の領域とそこに関連する機能を「地図化」できるようになったのです。しかし精神機能のすべてがこのように局在化されているわけではありません。たとえば長期記憶は脳全体に広がるいくつもの領域に関わっています。1953年に脳の一部を取り除く手術を受けたHMと呼ばれるてんかん患者の場合、発作を抑えるという点では手術は成功したのですが、記憶力には深刻な影響が残りました。物事のやり方などは覚えているのに、過去の出来事を思い出せないのです。2008年に本人が亡くなるまでHMの症状は幅広く調べられましたが、その脳は当初考えられていたより広範囲にわたり手術で損傷を受けていたことがわかり、そのうちのどの部分が記憶障害に関わっていたのかは特定できませんでした。ただし脳の損傷が常に長く影響を残し続けるとは限らないようです。アメリカの心理学者カール・ラシュレーは、ある機能が脳の複数の領

フィニアス・ゲイジ

1848年、アメリカの鉄道工事現場で働いていたフィニアス・ゲイジは事故にあい、鉄の棒が頭を貫通して脳の前頭葉にひどい損傷を負った。ゲイジは左眼以外に目立った障害もなく生き延びたが、人格がすっかり変わってしまい、穏やかだったもとの性格にはふさわしくない粗野な行動をとるようになった。これは、性格というような「機能」も脳の特定の領域に局在していることを示唆する症例の一つである。

わかること

域に関わるだけでなく、ある領域が損傷を受けたときに脳の別の部分がその機能を肩代わりすることもありうると主張しました。脳卒中のために言語や動作などの能力を失った患者でも、リハビリによってその機能を回復できるのは、こういう理由によるのかもしれません。

脳は半分に分かれている

他の外科的処置の影響調査からも、いろいろな事実がわかってきました。脳は左半分と右半分とに分かれ、脳梁(のうりょう)という線維の束でつながっています。アメリカの神経科学者ロジャー・スペリーは、てんかん治療のために脳の左右を手術で分離する手術を受けた患者を調査し、左目で見たものは右脳が、右目で見たものは左脳が処理することを発見したのです。患者の多くは右脳で処理したものの名を言うことができず、左脳で処理したものの名は言えました。この研究からスペリーは、言語は左脳でコントロールされ、右脳には別の能力があるという説を提唱しました。

一次運動野は体を動かす筋肉などを制御する。
前運動野はいつどのように体を動かすかを判断する。
感覚連合野は一次感覚野からの信号を分析し、感覚を識別する。
一次感覚野(体性感覚野)は、指先など体の表面や深部からの信号を受け取る。
視覚連合野の情報処理によって、私たちと周囲の間に相互作用が生じる。
前頭前野は知能・人格・計画性・判断に関わる。
ブローカ中枢が損傷を負うと、言いたいことが決まらず発話が困難になる。
ウェルニッケ中枢で、私たちは話し言葉や書き言葉を理解する。
一次聴覚野は耳からの信号を受け、音の大きさや高さを検知する。
一次視覚野は目からの信号を受け、基本的な形や色を認識する。
聴覚連合野は一次聴覚野からの信号を分析し、音を認識する。

脳のある領域がダメージを受けるとどんなことに影響が出るのか？

サンティアゴ・ラモン・イ・カハル

1852–1934

神経科学の開拓者の一人ラモン・イ・カハルは、スペインのナバラで生まれました。少年時代には反抗的な行動から問題を引き起こすこともありましたが、父親が解剖学を教えていたサラゴサ大学の医学部に進んで学びました。軍医として勤務した後、神経システムの仕組みを研究し、その成果は生物学的心理学の発展に大きく寄与しました。

ニューロン説を提唱

しばしば「神経科学の父」とされるラモン・イ・カハルは、ニューロンと呼ばれる神経細胞について説明した最初の学者である。また神経細胞が脳の各所でどのように情報伝達を行うかも明らかにした。1906 年には、脳細胞についての業績により(カミロ・ゴルジとともに)ノーベル生理学・医学賞を受賞した。

11 歳のとき、
手作りの大砲で
近所の門を破壊して
捕まった。

「脳は、いくつもの未探検の大陸と未知の広大な領域からなる世界である。」

絵の才能

ラモン・イ・カハルが幼い頃から示していた絵やデッサンの才能は、後の神経科学者としての仕事でも役に立った。彼が神経細胞の研究を始めた頃は、顕微鏡写真や画像化の技術はまだ実用化されていなかったので、顕微鏡で見たものを記録するために彼は精密なスケッチを何百枚も描いた。その絵は今日でも教科書に掲載されている。

説明のつかない現象に挑む

脳や神経系の生理学的な研究の他にも、科学では容易に説明できないことに興味をもった。催眠術は一つの例で、妻の出産時には彼自身が催眠術を妻にかけようとしたという。催眠術や超常現象についての本も書いたが、残念ながら彼の死後スペイン内乱の間にその本は行方不明になってしまった。

バクテリア博士

ラモン・イ・カハルは著述家としてきわめて多作だった。病理学・神経科学を中心とした100以上の本や記事に加えて、当時のスペイン社会や政治をからかった風刺的著作の書き手としても有名だった。1905年には、「バクテリア博士」というペンネームで空想科学小説集も出版している。

意識

私たちは皆、自分自身や周りの世界を意識することがどのようなことか、わかっています。眠っているときや麻酔をかけられているときなど、さまざまなタイプの無意識についても知っているつもりです。でも心理学者は、科学の言葉で意識というものを説明しようと苦労してきました。

意識の中のリンゴのイメージは、
心に浮かぶ多数の連想を結びつけている。

リンゴの呼び起こす連想
リンゴを見ると、私たちの脳は単にそれがリンゴだと認識するだけでなく、パイからハイテク機器まで「リンゴ」「アップル」という言葉に関連するすべてを呼び起こす。人間の意識とはそういうものだとジュリオ・トノーニは主張している。

思考の流れ

ヴィルヘルム・ヴントやウィリアム・ジェイムズなど初期の心理学者は、心理学全体の目的は私たちの意識的な行動を記述し説明することだと信じていました。意識することが個人的経験である以上、意識を究明できる唯一の方法は内省を通じて自分の心の中で起こっていることを観察することだったのです。このプロセスを通して、ジェイムズは自分の意識的な思考が絶えず変化していることに気づきました。あることを考えたりしたりしていても、他の何かが飛び込んできて、もとの思考はすぐに新たな考えに邪魔され……、そういう調子で続いていきます。しかしジェイムズは、こういう個別の経験がみな一緒にまとまって、一つの見え方をすることにも気づきました。考え

> 私たちは「意識」の意味ぐらいわかっている……、それを定義するように言われない限り。
> ウィリアム・ジェイムズ

とは何か？

が次々に流れていく様子を彼は「意識の流れ」と呼んでいます。

意識のレベル

しかし意識とは実際には何を意味するのでしょうか。自分の感覚がわかること、あるいは自分のしていることや考えていることがわかること、というのは一応当たっていそうです。要するに、考えることもなく機械のように反応する動作と区別して、私たちは何かを「意識的に」行うと言います。どちらかといえば眠っていたり、麻酔をかけられたり、頭をぶつけて気が遠くなっていたりせずに、単純に目覚めている状態を指して「意識がある」と表現しているかもしれません。ジェイムズと同様に、ジグムント・フロイトも無意識に魅せられました。しかし意識のある状態を説明しようとするかわりに、フロイトは「意識」の3つのレベルを特定しました――自分で気づいている「意識」、自分に気づかせることが可能な「前意識」、抑圧して隠れている「無意識」という具合です。フロイトの無意識の定義は今では一般的に受け入れられているとは言いにくいですが、意識の異なる段階という考え方には心理学者は関心を寄せ続けています。

科学的解決

現代の神経科学では、意識と無意識の区別は必ずしも明瞭ではないと考えられています。昏睡(こんすい)状態にあるときでさえ、脳は活動しているのです。神経科学によってさまざまな意識状態における脳の活動が観察できるようになり、生理心理学者は内省による伝統的な理論ではなく科学的な説明に努めるようになっています。

生物学者フランシス・クリックは、健康な人と長らく植物状態にある人の脳の活動を比較してみました。クリックは意識のある脳では意識のない脳に比べて前頭前野という領域の活動が活発であることに気づき、意識に関わるのは脳のこの部分だと結論を下しました。ジュリオ・トノーニという神経科学者が提唱した最近の理論では、意識とは脳のさまざまな部分の構造が相互接続した結果であり、あらゆる感覚・記憶・思考からの情報を結びつけるものだとされています。トノーニはその考えをリンゴの写真を撮るカメラと比較して説明しました。カメラが写し出す画像は多数の画素で構成されていますが、カメラは個々の画素を個別に扱っていてリンゴを全体として見ることはありません。対照的に私たちの脳は画素を結びつけて心の中に一つのリンゴの像を作りあげ、リンゴという考えに関連するすべてを私たちに思い起こさせます。だから私たちの意識のレベルを決めるのは、単に脳の活動の総量ではなく、相互連結性がどの程度なのかによるのです。

**あなたの喜びや悲しみ、
あなたの記憶や野心、
あなたの自分らしさや自由意志の感覚、
そういったものは実際には膨大な数の
神経細胞集合のふるまいにすぎない。**

フランシス・クリック

受け取る信号の総量、調整すべき活動の総量を考えると、あなたの脳はスーパーコンピューターより強力だ。

参照：40–41, 48–49, 50–51

ヴィラヤヌル・ラマチャンドラン

1951–

神経科学者ヴィラヤヌル・ラマチャンドランはインドのタミル・ナードゥ州で生まれました。父親が国連で働いていたため家族はたびたび転居し、ラマチャンドランはマドラスやタイのバンコクの学校に通いました。マドラスで医学を学んだ後、英国に渡ってケンブリッジ大学で博士号を取得し、オックスフォード大学で研究員として勤務しました。その後アメリカに移住し、現在はカリフォルニア大学脳認知センターの教授です。

ものを見る

神経科学のアプローチという点で、ラマチャンドランは多少変わった方法を用いる。脳の活動を調べるのに最新の画像化技術に頼るより、むしろ実験と観察に努めようとする。初期には脳による視覚情報の処理方法についての研究があり、彼自身がいくつもの視覚効果や錯視の例を考案した。それらは私たちが見たものをどう知覚するかを理解する上で、大いに役立った。

失われた手足

ラマチャンドランを最も有名にしたのは、おそらく「幻肢」に関する研究であろう。手足を切断した者が、実際にはない手や足の感覚を持ち続ける症例のことである。患者がときに感じる幻肢痛を和らげるために、彼はある種の鏡の箱を作り、残っている手足を切断された部分に映して、そこにあるかのような幻像を見せた。これによって患者は自分の感覚に結びつく像を視覚化できる。

「サルならバナナに手を伸ばすことはできる。だが星に手を伸ばせるのは人間だけだ。」

詐欺師の捜査

脳の働きを調べる際にラマチャンドランが用いた方法の一つは、神経に異常のある症候群の観察である。たとえば「カプグラ症候群」の妄想に苦しむ人は、家族や親戚の誰かが詐欺師に入れ替わっていると信じ込んでしまう。これは人の顔を認識する脳の側頭皮質という領域が、情動的反応に関わる領域との連絡を断たれてしまっているせいだと彼は考えている。

2011年にタイム誌は、「世界で最も影響力のある100人」の1人に彼を選んだ。

横断配線でつながる

文字や数字、あるいは曜日にさえそれぞれの色がある、ときには性格があると知覚してしまう人がいる。共感覚といわれるこの現象は意図によらない無意識の反応であり、ラマチャンドランはこれを、通常ならつながっていない脳の領域どうしが結びついたことによると説明する。ある領域に情報が入って刺激を受けると、別の領域での反応を引き起こしてしまうというのだ。

夢を見る

睡眠は毎日の生活の中でもきわめて重要な部分です。規則正しく眠れないと、肉体的にも精神的にも調子を整えるのに苦労します。睡眠中の脳の活動を調べ、睡眠のパターンが乱されたときにどうなるかを観察することで、心理学者は睡眠が重要である理由を理解し始めています。

睡眠の段階

睡眠とは体や心が活動した後に回復するための機会にすぎない、と信じる人もいます。疲れると眠り、目覚めると元気を回復する、その繰り返しだと。しかし睡眠が必要な理由は他にもありそうです。典型的な夜の睡眠は、それぞれが1時間半ほどの4つか5つのサイクルから成り立っていることが、科学的にわかっています。各サイクル内には、まず眠りがしだいに深まっていく段階がいくつかあります。ノンレム睡眠という眼球があまり動かないこれらの段階の睡眠では、筋肉は緩み、脳の活動・呼吸・心拍は遅くなりますが、それでも寝返りをうったりして動きます。この後の眼球を激しく動かすレム睡眠では、呼吸と心拍は速まりますが筋肉はあまり動かず、私たちは動き回ることはできません。まぶたは閉じたまま目が急速に動き、脳は目覚めているときのように活動します。この状態のとき、夢を見るのです。

夢を見ることの意味は?

眠っているからといって私たちの脳は活動を停止しているわけではありません。実際に、レム睡眠の間の脳は目覚めているときと同じくらい活発です。夢を見ている時間は無意識の状態というより、違う意識状態に入り込んでいるように思えますが、多くの心理学者に言わせるとこれこそ睡眠の最も重要な目的なのです。ジグムント・フロイトなどによれば、夢のおかげで私たちはふだん抑圧していることを心の中で実行したり話したりできるのです。フロイトは夢を探ることで、隠れた無意識の扉を開くことができると考えました。夢

夢が明かす秘密

フロイトによれば、
私たちは眠りの中で、
目覚めているときに抑圧している
隠れた欲求や恐れを
表現している。

あくびは
伝染する。「あくび」
という言葉を見ただけで、あくびをしてしまうことさえある。

もし脳内に生物学的な時計がなければ、私たちの生活は混沌(こんとん)としてしまい、行動は秩序を欠いたものとなるだろう。
コリン・ブレイクモア

10代の「時間」

10代の生徒は睡眠の最後の段階が足りていないため、午前中の授業では学習効果が上がらない、という研究報告がある。神経科学者ラッセル・フォスターの説明によると、10代の若者の体内時計は、おそらくはホルモン分泌のせいでリズムがずれている。あなたが10代なら、あと2時間余計に眠る必要があるというわけだ。

ほとんどの人は
毎晩１～２時間、
最大７つまで
夢を見る。

夢の意味を探ってみよう……

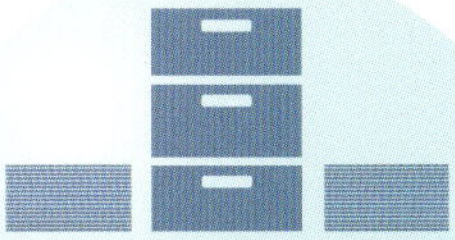

整理のシステム

私たちは夢を利用して思考や記憶を整理し、新たな情報を取り入れやすくしているのかもしれない。

戦うか、逃げるか

たとえば危険からの逃走など、私たちは実生活で必要になりそうなことのリハーサルを夢の中でしている、とレヴォンスオは主張する。

は後の実生活で役立つことを練習する機会になる、と考える心理学者もいます。たとえばアンティ・レヴォンスオという学者は、脳の「闘争－逃走反応」に関わる領域はレム睡眠のときのほうが通常より活発であることを示しました。多くの人が夢の中で問題を解決し、創造性豊かな芸術家は眠っている間によく着想を得るといいます。あるいは私たちは、心を整理して新しい情報のための余地をつくり、自分の考えをまとめるのに夢を利用できるかもしれません。

創造の光

音楽家や美術家は、新たな作品のための着想を夢から得るという。私たちも夢をヒントに問題を解決することが可能だ。

体内時計を見る

共通の睡眠パターンがあるのと同様に、私たちは皆いつ睡眠が必要かを告げる「体内時計」をもっています。私たちは通常昼夜の自然のサイクルに従っていますが、睡眠と覚醒にはそれ自身のリズムがあるのです。16時間目覚めて過ごし8時間眠るといったところが標準的でしょうが、違うリズムでも私たちは快適に暮らせます。フランスのミッシェル・シフレという科学者は洞窟内で地上の昼夜の変化をまったく遮断して、7か月間過ごしてみました。自分の生物学的体内時計だけに従った結果、1日が25時間というペースに落ち着いたそうです。しかし長い期間眠らずにいると、私たちは心身の調子をくずし、事故なども起こしやすくなります。実際に、睡眠を奪うことは拷問の手段として使われる場合があり、死に至ることもあるそうです。現代生活では、時差ぼけ・夜勤・残業などのせいで自然な睡眠が乱されることがよくあります。私たちの多くが必要な睡眠を十分にとれていないようです。

参照：46–47

実生活の中の
生物学的心理学

ニューロンの光のショー

眠ろうと思って目を閉じたとき、まぶたの裏に光や色の細かい粒が現れるのに気づいたことがあるだろうか。これはあなたの目と脳の間で、神経細胞が信号を放つときに起きる現象だ。目を閉じていても、神経細胞は情報伝達の中継を続けている。

磁場

神経細胞の働きは電気信号の伝達によるので、強い磁場の影響で乱れることがある。生物学的心理学ではこの現象を利用して、脳の各部分の機能を研究してきた。磁場の影響としては一時的な言語障害、幻覚症状の他に、一種の宗教的体験もありうるという。

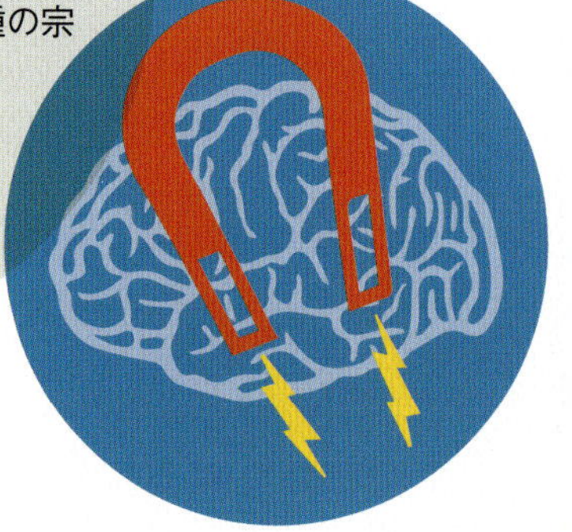

脳の最盛期

あなたの両親の脳はあなたの脳よりシンプルだといっていい。脳内にできる新しい接続の数が最大になるのは9歳前後で、その後は減少し、20代で安定する。私たちの脳は子どもの頃のほうが順応性がある。大人より子どものほうが楽に外国語を身につけられるのはこのためだ。

それでも熟睡状態?

ぐっすり眠っているはずなのに起き上がって歩き回り、ときには部屋の掃除さえ始める人がいる。一般に信じられているのとは異なり、夢遊病者は自分の夢や無意識の欲求を行動で表しているのではない。眠りながらの歩行が見られるのはノンレム睡眠の間、つまり夢を見ていないときであることが明らかになっている。

生物学的心理学は私たちの思考、感情、行動を脳の生理的な働きに結びつけて考えます。この分野の学者たちは脳内の様子を画像化する技術などを使って脳の働きを調べ、脳の異常や損傷から起こる症状や行動を科学的に説明しようと努めています。

体内時計

10代の若者の体内時計は大人とは異なっていて、起きる時刻を大人より2時間遅くするとよい効果が出るだろう、という研究結果がある。これを受けて、学校は朝早くから始業すべきではないと主張する心理学者も出てきた。

安全第一

ゼリーを硬い箱に入れてゆすっているところを想像してみよう。頭を何かに強くぶつけたときに起きる事態はこれに近い。頭部への強い打撃が、私たちの行動や能力に大きな影響を与える可能性があるのは明らかだ。この事実は自転車でのヘルメット着用を法律で義務づけようという声につながっている。

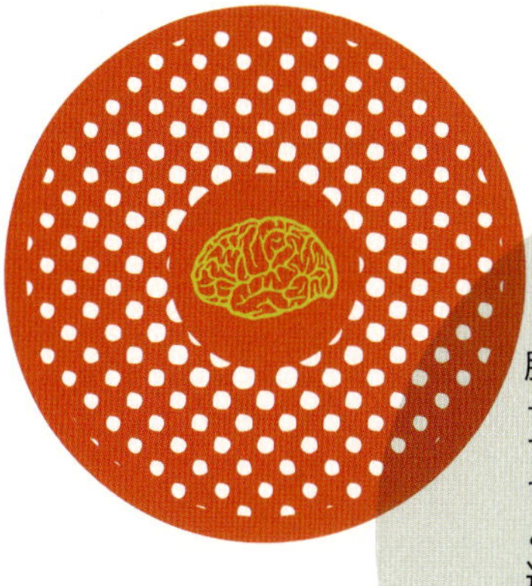

通り抜け禁止

脳に影響を及ぼす薬物は、「血液ー脳関門」と呼ばれる膜を通過できるように非常に小さい粒子でできていなくてはならない。この薬物に結びついて関門を通過できない大きさの粒子にしてしまう新たな物質をつくり出すことで、薬物依存症を治療しようという試みがなされている。

鏡のように

私たちの脳は他人の体の動きや姿勢に反応する。他者の特別な行動を観察するとき「ミラーニューロン」と呼ばれる細胞が活性化し、たとえばダンスやテニスなどの動きを模倣し、新たな技術を身につけるのを助ける。熟練したプロの技をまねることが上達の近道だといわれるのはこのためだ。

心はどう働くのか?

認知心理学は、人間の行動というよりむしろ知覚プロセスについての研究というべきでしょう。認知心理学では、感覚からくる情報を私たちの心がどう扱うか——たとえば、見たり聞いたりしたことをどう理解するか、言葉をどのように身につけるか、記憶はどのように保たれるか……といったことを探究します。

知識とは?

判断・決断・**意思決定**

記憶の**仕組み**

記憶はどのように**保存**される?

記憶を信じてはいけない

情報**過多**

言葉に気をつけて!

自分を**欺いている**のでは?——思いこみの罠(わな)

世界に**意味を与える**

目を**信じて**はいけない

知識とは?

私たちが知っていること、つまり知識は、私たちが周りの世界やそこでの暮らし方について学んできたことから成り立っています。ある事実や物事のやり方などを学ぶと、私たちはその情報を記憶の中に蓄えます。蓄えから呼び出すことのできる情報を、私たちは知識と呼びます。

事実に執着しない

長い間、知識を成り立たせるのは事実以外の何ものでもないという考えが支配的で、伝統的な教育法は生徒に事実を記憶させること、多くの場合は反復を通じて暗記させることに集中してきました。しかし20世紀になって科学としての心理学が台頭すると、知識という概念が変化し始めます。私たちの学び方や記憶の仕方は心理学の主要な研究テーマとなり、心理学者たちは知識が事実の記憶にすぎないという考え方に挑み、知識の獲得における学習者と教師の役割に新しい光を当てるようになりました。とはいえ初期の心理学者たちは知識を事実の集積とみなし、それは条件づけを通して学ぶことができると考え続けました。ジョン・B・ワトソンのように、条件づけの方法でほとんどなんでも教えられると信じる学者もいます。しかしエドワード・ソーンダイクやB・F・スキナーなどは、学習は単に外界から知識を集め蓄えるといった問題ではないことに気づきました。学び手にも役

授業は短いほうが、効果的な学習につながりやすい。私たちの脳は過度に詰め込もうとすると、活動停止の状態に陥りかねない。

雪だるま式
知識を獲得していく過程は、雪の玉が斜面を転がりながら大きくなっていく様子に似ている。私たちは集まった情報の意味を探り、それが記憶を助ける。単に事実を蓄積するのではなく、直接自分で経験することが最もよい学び方だ。

割があって、自分を取り巻く世界を探索し、自分で経験しながら学ぶ必要があるのです。

経験の必要性

ジャン・ピアジェやレフ・ヴィゴツキーなどの発達心理学者は、この考え方をさらに推し進めます。子どもが考えを少しずつ綿密に検討し、他の考えと関連づけながら、知識を段階的に増やしていくことに彼らは注目しました。知識を間接的に手渡されることよりも、積極的・持続的に自ら経験していくことが柱になるべきで、単に教師から何かを教えられたり示されたりするのは必ずしも最善の学び方ではないのです。自ら学ぶプロセスに参加したほうが、知識の定着はよくなる傾向があります。たとえばケーキの作り方を知りたいとき、ただレシピを読んで学ぶより、実際に自分で作ってみるほうがいいでしょう。その上で自分が発見した情報の意味を理解することが大切なのです。

意味をつかむ

初期の心理学者ヘルマン・エビングハウスは1885年に、自分にとって何か意味のあることのほうが記憶しやすいことを明らかにしました。単なる文字の羅列より詩のほうが覚えるのは簡単です。もっと最近では、認知心理学者のジェローム・ブルーナーが、学ぶには情報の意味をつかまなくてはならない以上、知識の獲得には感覚や記憶力だけでなく思考や推理が必要だと説きました。学習は単に知識を得るためにすることではなく、集まった情報に意味を見いだし、他の知識につなげる一連の処理過程であるはずです。そして学習が持続的なプロセスである以上、私たちの知識は絶えず変化し続けるのです。

> **知識はプロセスであって、できあがったものではない。**
>
> **ジェローム・ブルーナー**

知識を
積み上げることは
持続的な
過程である。

参照：16–17, 24–25

判断・決断

生活の中で、私たちは難しい選択を迫られ、絶えず問題の解決を探って判断を下さなくてはなりません。そのためには問題について考え、その意味を把握する論理的思考力を使う必要があります。この合理的思考のプロセスが、正しい選択に必要な情報をもたらしてくれるのです。

動物ははじめに頭の中で問題を解決する。

ヴォルフガング・ケーラー

届かない餌

かなり以前から学者たちは、問題解決において私たちがたどる道筋についての研究を行っていました。1913年から1920年まで、ドイツの心理学者ヴォルフガング・ケーラーはチンパンジーを飼育する研究所の所長でした。手が届かない所に餌を置くと、チンパンジーは箱に乗ったり、棒を使ったりいろいろ試します。さまざまな方法を試みた後、チンパンジーがいったん立ち止まって自分が発見したことを考えていることにケーラーは気づきました。チンパンジーは成功と失敗を踏まえ、パターンを認識し、将来似た問題の解決につながる可能性すら思い描いているとケーラーは結論づけました。

解決策を見つけるための「認知マップ」

当時ほとんどの心理学者は心のプロセスより行動に興味を示していました。行動主義の心理学者たちは、人間も動物も単純に刺激と反応によって学ぶと信じていましたが、中にはそれだけではないことに気づいた学者もいます。たとえばエドワード・トールマンによれば、人は試行錯誤を通じて世界を探索し、報酬をもたらすこととそうでないことを学んでいくのですが、同時に周囲の世界の「認知マップ」を作りあげていきます。私たちはこの「地図」を使って、問題解決をはかり、意思決定を下すのです。

不合理な判断

問題を理解し解決への道筋を見抜くには、論理的・合理的に考えることが欠かせません。しかしイスラエルの心理学者ダニエル・カーネマンとエイモス・トヴェルスキーは、私たちの推論は必ずしも信頼できるとはいえず、一見合理的な判断を下したように見えても、実際には誤った推論をもとにしているとか、あるいは推論にさえなっていないことがあると警告しています。私たちは「常識的な経験則」というようなものを、体験から自分の中に作りあげています。しかしこのガイドラインは通常は少量の個人的経験をもとにしたものであり、正確な実像を提供してくれない可能性があります。しかもこの経験則は個人的な考えや信念の影響を受けているかもしれません。統計的な証拠を細かく調べる必要もなく、より迅速かつ容易に判断するには役立つとしても、大雑把な経験則によって、私たちは自分では合理的だと思いこみながら非合理的な判断を下してしまうことがよくあるのです。

ルーレットで赤ばかりがしばらく続くと、ほとんどの人は次には黒が出るという誤った思いこみにとらわれる。

ダニエル・カーネマン、エイモス・トヴェルスキー

意思決定

夜眠れないと、
私たちは通常より
ずっとリスクの大きい
決断を下してしまう
ことがある。

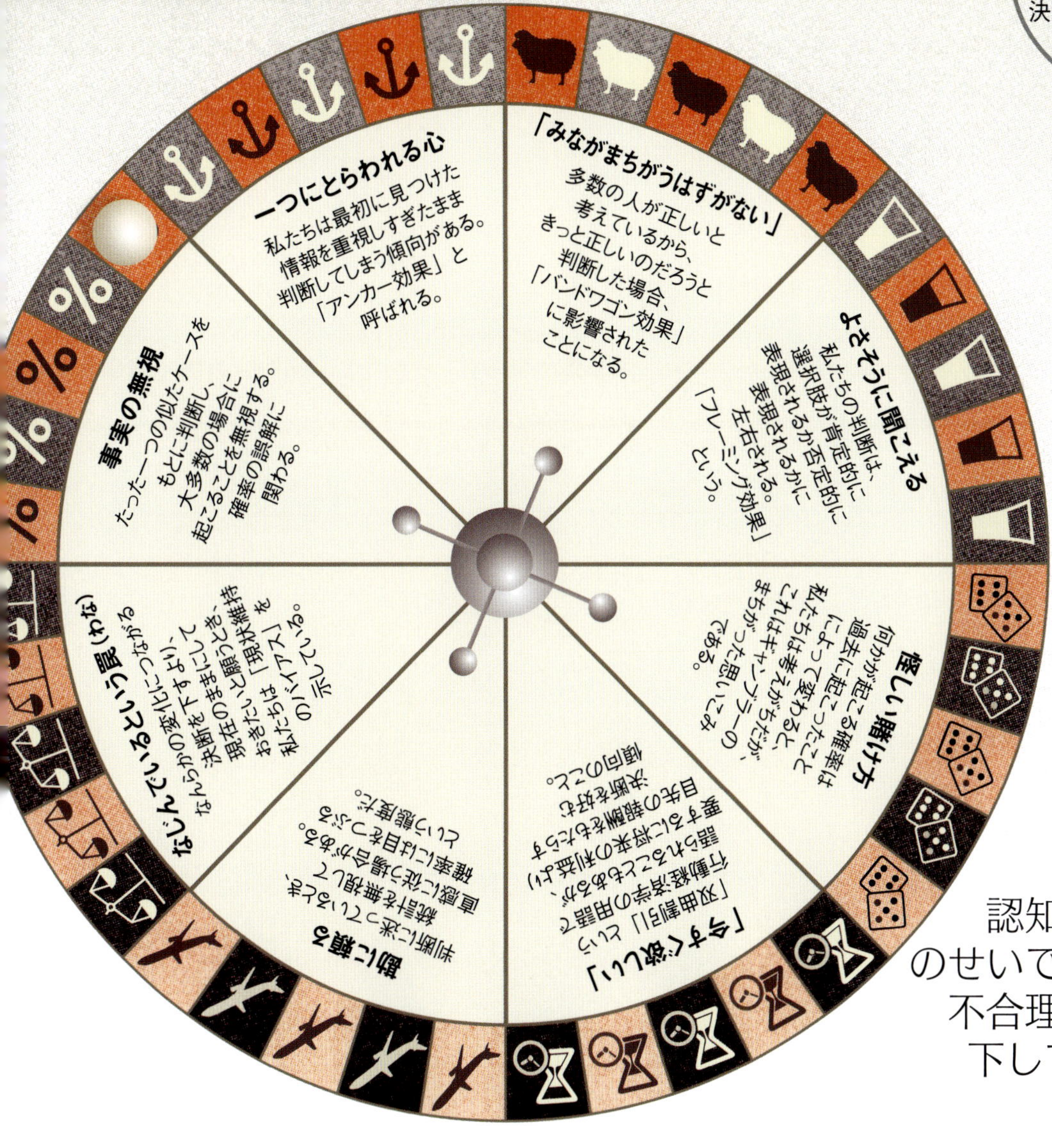
一つにとらわれる心
私たちは最初に見つけた情報を重視しすぎたまま判断してしまう傾向がある。「アンカー効果」と呼ばれる。
「みながまちがうはずがない」
多数の人が正しいと考えているから、きっと正しいのだろうと判断した場合、「バンドワゴン効果」に影響されたことになる。
よさそうに聞こえる
私たちの判断は、選択肢が肯定的に表現されるか否定的に表現されるかに左右される。「フレーミング効果」という。
怪しい賭け方
何かが起こる確率は過去に起こったことによって変わると私たちは考えがちだが、これはギャンブラーのまちがった思いこみである。
「今すぐ欲しい」
「双曲割引」という行動経済学の用語で語られることもあるが、要するに将来の利益より目先の報酬をもたらす決断を好む傾向のこと。
勘に頼る
判断に迷っているとき、統計を無視して直感に従う場合がある。確率には目をつぶるという態度だ。
なじんでいるという罠(わな)
なんらかの変化につながる決断を下すより、現在のままにしておきたいと願うとき、私たちは「現状維持のバイアス」を示している。
事実の無視
たった一つの似たケースをもとに判断し、大多数の場合に起こることを無視する。確率の誤解に関わる。

認知バイアス
のせいで私たちは
不合理な判断を
下してしまう。

カーネマンとトヴェルスキーは、私たちが陥りがちな欠陥思考のさまざまなタイプを特定し、それを「認知バイアス」と呼びました。認知におけるバイアス(偏り)は主に個人的経験に基づくものであり、この偏りによる不合理な判断でも日々の生活ではそれなりに役立っているように見えるかもしれません。しかし特に新たな状況で重要な判断が必要な場合には、偏った見方によってどのような誤りをおかしやすいのかを心得ておくべきでしょう。危険な過ちや無駄な損失を避けるのにきっと役立つはずです。

記憶の仕組み

私たちは何かを学ぶと、その情報を表したもの（表象）を記憶として心の中に蓄え、思い出すときにはその表象を再生します。しかし記憶を呼び起こすことはいつも容易とは限らず、記憶しやすいことと記憶しにくいことがあるのも事実です。特別な記憶をよみがえらせるためには、しばしば手がかりのようなものが必要になります。

記憶はどう働くか

心理学が科学として研究され始めて以来、心理学者はずっと人間の記憶というものを理解しようと努めてきました。初期の心理学者の一人ヘルマン・エビングハウスが注目したのは、私たちが何かを学んだと思っても、一日たつとその大半を忘れてしまっていることが多いという事実です。当時としては斬新な実験で、彼は覚えるのに長い時間がかかったことのほうがしっかり記憶していることを証明しました。さらに、言葉や数字がでたらめに並んだものは意味のあるものより覚えにくいこと、一続きのものは中間より始めと終わりの

その時私は
どこにいた……？
出来事と事実の記憶は結びついているので、私たちはいつどこでそれを知ったかを覚えていれば、その事実自体のことも思い出しやすく感じる。
突然の中断
じゃまが入ってやっていることを中断すると、その活動は私たちの心にひっかかり、完了して注意を必要としないことよりも記憶に残る。
なぜあることを
他のことよりも
よく覚えて
いるのか？
フラッシュバルブ記憶
感情を強く揺さぶられた劇的な出来事は記憶に焼きつけられ、私たちはそれが起きたとき自分が何をしていたかまで思い出すことができる。
気分
記憶はそれを取り込んだときに自分がどう感じたかに結びついていて、私たちは今感じている気分に合う記憶を呼び起こす傾向がある。

ほうが覚えやすいことも明らかになりました。その後心理学者たちは、いつどのように学んだかが記憶に影響を与えるという事実を調べ続けました。たとえばブルマ・ツァイガルニクは、ウェイターはまだ支払いの済んでいない注文のほうが支払いの済んだ注文より細かいところまでよく覚えている、という話を聞いて興味をもち、参加者に簡単なパズルを解いてもらう実験を行いました。ただしパズルの半数はやっている途中で中断されます。その後、参加者たちは中断されたパズルのほうが思い出しやすいことに気づきます。ウェイターの注文の場合と同様、課題が完了していないほうが心に残りやすいということでしょう。

手がかり

ツァイガルニクのような認知心理学者は、記憶をある種の情報処理システムとみます。エンデル・タルヴィングは、異なるタイプの情報を蓄えるための異なる種類の記憶——事実と知識の記憶、出来事と経験の記憶、物事のやり方の記憶があると主張しています。また記憶を２つの別のプロセスに分けて考えました。情報を長期記憶に蓄えること(学習)と情報を再生すること(想起)ですが、この２つのプロセスはつながっているとタルヴィングは考えます。たとえば情報を長期記憶に取り入れたときに起こったことを思い出すと、情報そのものを思い出す助けになります。この例では、ある種の手がかりあるいは合図が引き金となって情報の再生、つまり記憶の呼び起こしにつながっているのです。

気分しだい

気分も特別な記憶を呼び起こす助けになります。ゴードン・H・バウアーは「出来事と感情は一緒に記憶に蓄えられる」ため、出来事と経験の記憶は特にその時の気分に強く結びついていると考えました。だから私たちは幸せなときには良い気分のときに起こったことを思い出しやすく、不幸なときには嫌な気分のときに起こったことを思い出しやすいのです。ロジャー・ブラウンは気分に依存した記憶の中でも極端な例を、閃光(せんこう)のように強烈な「フラッシュバルブ記憶」と呼びました。たとえば 9.11 のテロ攻撃のニュースを聞いたり、肉親や友人の訃報を聞いたときのように、劇的なことや感情を強く揺さぶることが起きた場合、その時自分がしていたことを正確に覚えていることが多いのです。

参照：64–65, 66–67

フラッシュバルブ記憶は感情を強く揺さぶる出来事によって心に焼きつけられる。

ロジャー・ブラウン

夢を見ている最中に起こされたほうが、夢をよく覚えている。

ダイバーの記憶

アラン・バッドリーによる実験では、ダイバーたちに陸上と水中の両方で単語のリストを記憶してもらった。ダイバーたちは水中で覚えた単語は再び水中に潜ったほうがよく思い出せたし、陸上で覚えた単語は陸上にいるほうがよく思い出せた。これは「記憶の文脈依存」と呼ばれる現象の例である。

エリザベス・ロフタス

1944–

1944 年にロサンゼルスで生まれたエリザベス・ロフタスは、教師になるつもりでカリフォルニア大学で数学を学びました。しかし心理学の授業を受けて進路を変え、スタンフォード大学で心理学の博士課程を修了しました。そこで初めて興味をもった「長期記憶」は、彼女の研究人生を決定づけるテーマとなります。

自動車事故

ロフタスの初期の研究の一つに、裁判での目撃証言の信頼性と、誘導尋問による証言への影響についての調査がある。被験者は自動車事故の映像を見せられた後、衝突した車のスピードを想像してみるように言われた。どのくらいの速さで「ぶつかったのか」と尋ねられるより、どのくらいの速さで「激突したのか」と尋ねられた場合のほうが、速い速度を答える傾向が見られた。

偽りの記憶

1990 年、ジョージ・フランクリンは 20 年前に起こった殺人事件の犯人とされ、有罪判決を受けた。その根拠となったのは、実の娘が催眠療法を受けて取り戻した記憶だった。ロフタスは、娘が自分の記憶を心から信じていたとしても、その記憶は偽りであり、催眠療法中の暗示などによって作りあげられたものだと主張した。その後判決は覆り、逆転無罪となった。

「あなたは**真実**を、**すべての真実**を述べることを誓いますか、それとも何にせよ**自分が覚えていると思うこと**を語りますか?」

ロフタスは250以上の裁判で目撃証言の信頼性について発言している。その中には歌手マイケル・ジャクソンの裁判も含まれている。

バッグズ・バニーに会う

にせの記憶についての別の実験では、ディズニーランドに実際に行ったことのある人たちにディズニーランドの広告を見てもらった。その広告ではバッグズ・バニー（アニメで有名なウサギのキャラクター）のことが述べられ、部屋には看板も掲げられている。その後、昔自分が行ったときバッグズ・バニーに会ったかどうか尋ねてみると、3分の1の人が会ったと答えた。実際にはバッグズ・バニーはワーナー・ブラザーズのキャラクターで、ディズニーランドには存在しない。

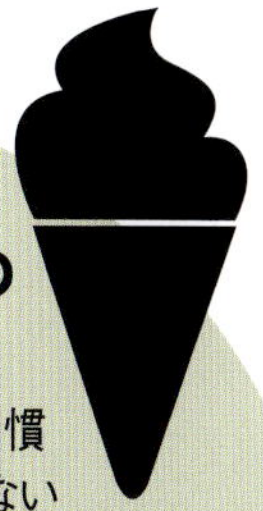

悪い習慣を断つ

にせの記憶を植えつけることで、食習慣などの行動に影響を与えることができないかとロフタスは考え始めた。ある実験で被験者たちに、ストロベリーアイスクリームのせいで子どもの頃気分が悪くなったことがあると思いこませた。一週間後、多くの人はその出来事の詳細な記憶を膨らまし、アイスクリームへの嫌悪を示した。このやり方は10代の肥満防止策に使えるのではないかとロフタスは考えている。

記憶はどのように保存

私たちは何かを知ると、その情報を記憶として頭の中に蓄えます。知識や事実だけでなく、私たちが見たことやしたこと、そして物事のやり方も記憶します。そういった記憶を必要なときに取り出しやすくするために、私たちの頭は記憶を整理し、体系的に保存しています。

短期記憶と長期記憶

物事の学び方や記憶の仕方が認知心理学の主要な研究テーマになるかなり以前から、心理学者たちは記憶は異なるタイプに分類できると考えていました。今すぐ必要な情報を取り入れる短期記憶と、将来のためにずっと保存する必要のある長期記憶という分類です。(たとえばテレビ番組で続きを理解するためにある場面を覚えておくことは短期記憶、テレビのスイッチの切り方を覚えることは長期記憶になります。)

記憶の整理

記憶という分野の開拓者エンデル・タルヴィングは、記憶(情報を記憶として取り込むこと)と想起(貯蔵してある記憶の再生)はつながってはいるが別のプロセスであることを明らかにしました。私たちは膨大な量の情報を記憶として蓄え、その中から時に応じて特定のものを見つけて

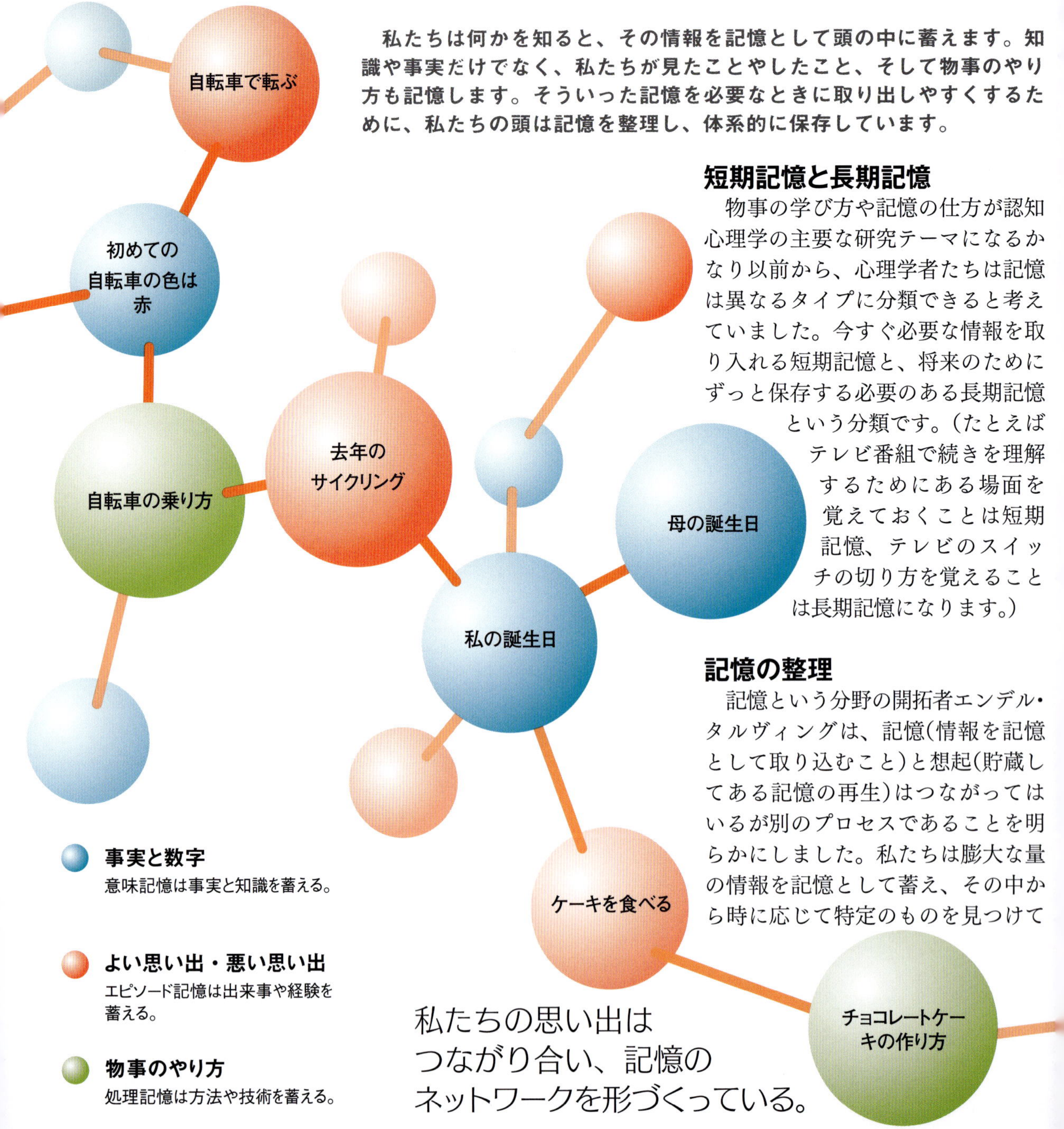
自転車で転ぶ
初めての自転車の色は赤
自転車の乗り方
去年のサイクリング
私の誕生日
母の誕生日
ケーキを食べる
チョコレートケーキの作り方

事実と数字
意味記憶は事実と知識を蓄える。

よい思い出・悪い思い出
エピソード記憶は出来事や経験を蓄える。

物事のやり方
処理記憶は方法や技術を蓄える。

私たちの思い出はつながり合い、記憶のネットワークを形づくっている。

される？

思い出すことは時間をさかのぼる心の旅だ。

エンデル・タルヴィング

呼び出す必要があります。これは情報がでたらめに集積していれば不可能に近いでしょうから、記憶はなんらかの方法で整理されているはずです。タルヴィングは記憶には異なる3つの種類があると考えました。事実と知識を蓄える意味記憶、出来事や経験を記録するエピソード記憶、そして物事のやり方を教える処理記憶です。それぞれ貯蔵された記憶は、情報をより利用しやすいようにさらに細かく分類されています。つまり何かを思い起こすのにいちいち記憶全体を捜す必要はなく、どの領域を調べればよいかが私たちの心にはわかるということでしょう。たとえば、エピソード記憶がある出来事についていつどこでそれが起きたかという情報を整理して保存してあれば、私たちの心は特定の時と場所に向かうことで特定の記憶をよみがえらせることができるのです。同様に、意味記憶もカテゴリーに組織化されているとタルヴィングは説明しています。実験でランダムな単語リストを思い出そうとする被験者は、カテゴリーを示すことで記憶を呼び起こしやすくなることに彼は気づきました。「猫」「スプーン」という単語は、「動物」「食器」というヒントによって思い起こせます。後には、属するカテゴリーは一つとは限らず、「アップル」という語なら「果物」にも「会社」にも整理できる、という指摘もありました。明確なカテゴリーに整理されたものというより、記憶は相互につながり合った「ウェブ」的なものだという捉え方です。

ブラック
チョコレートは
脳の血流をよくする
理想的食品の一つで、
もの覚えの改善にも
役立ちそうだ。

参照:60–61, 66–67

自分自身の言葉で

英国の心理学者フレデリック・バートレットは、記憶の組織化について多少異なる説明をしています。彼は学生たちにある複雑な物語を読ませ、後にそれをあらためて語ってもらいました。学生たちは物語全体のあら筋は覚えていますが、細かい部分となると思い出せません。彼らは自分の経験に合わない細かい部分に変更を加えて、自分にとって意味のある話にしようとしていることにバートレットは気づきました。私たちは誰でも自分の経験が形づくってきた考え方の形式というものをもっていて、これが私たちの記憶の枠組みとなるとバートレットは結論づけます。この枠に合う記憶を蓄えるのには都合がいいのですが、自分の枠組みに合わない記憶を保持することは逆に難しくなってしまいます。

記憶の再生は、過去の経験に対する私たちの態度からなる想像的再構成だ。

フレデリック・バートレット

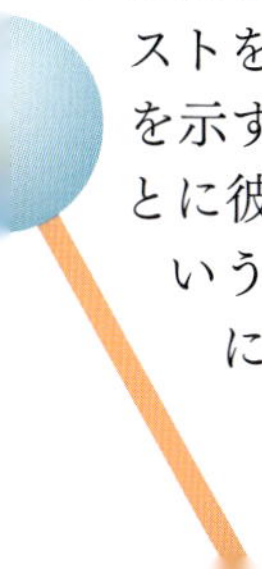

記憶を信じては

記憶はしばしば私たちを裏切ります。ときには有名人の名前とか、テストの簡単な問いに対する答えなど、自分では確実に記憶したと思いこんでいたことが思い出せない場合があります。また正しく覚えたと信じていたことがまちがっていた、ということも少なくありません。

不思議な話だが、ガムをかむと記憶力が改善するという。

限られた貯蔵庫

記憶についての大きな問題の一つとして、私たちの頭には大量の情報が入ってくるのに、記憶にすべてを貯蔵できる容量がないのではないかということが挙げられます。容量が足りたとしても、膨大な量の無駄な情報に埋もれてしまえば、自分の欲しいものを引き出すことはしだいに困難になります。だから脳はある記憶には「がらくた」というラベルを貼り、古くなったもののいくつかは消えるに任せています。たいていの場合このやり方で事は順調に運び、私たちは最も重要な事実や経験をうまく覚えたり呼び出したりしています。ところがときに私たちは必要な情報を届きにくい場所にしまい込んでいることに気づきます。そんな場合必要な情報の全体または一部を思い出せないか、もしくは他の情報と混同してしまうこともあるかもしれません。アメリカの心理学者ダニエル・シャクターは記憶が私たちを裏切る場合を7通りに分類し、「記憶の７つの罪」と呼びました。

「のどまで出かかって」

人はさまざまな理由で思い出せなくなるとシャクターは考えます。自分がそれを知っているのはわかっているのに、その記憶を呼び出せない場合があ

あなたを裏切る記憶の７つの特徴
シャクターによる「７つの罪」

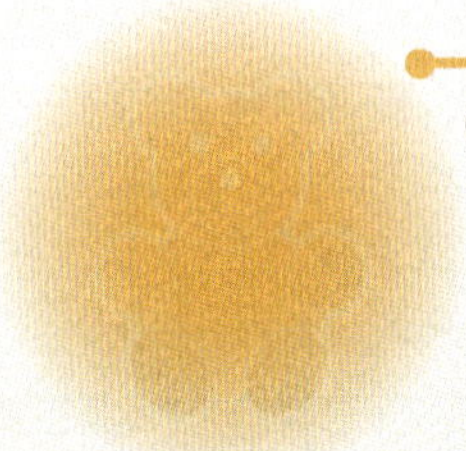

時間という霧

「はかなさ」の罪により、遠い記憶は時間の経過とともに薄れていく。つまり古い記憶は最近取り入れた記憶より再生が難しい。

注意散漫

「ぼんやり」という罪は、何か他のことに気を取られているために、私たちが記憶を正しく貯蔵できていないことを表している。

「それはほら『あれ』だよ」

自分で知っているとわかっていることが、どうしても思い出せない場合がある。これは他の記憶がじゃまをしている場合が多く、「阻害」の罪と呼ばれる。

いけない

ります。その理由としては時間がたちすぎているか、覚え方が悪かったか、あるいは何か他の記憶——特にある種の苛立たしい記憶や不安を呼ぶ記憶が心から離れず、じゃまをしている可能性もあります。しかし多くの場合、覚えたと思っているのに、別の記憶と混同しているのが現実のようです。ある出来事の生き生きとした記憶でさえ別の記憶と混ざってしまい、思い出せることが現実に起きたこととは違うという場合もありえます。また過去の思い出というのは、現在の自分の考え方や感じ方に影響されるものなのです。

歪められた記憶

私たちはほとんどの場合、特に自分にとって重要なことの場合、かなり正確に記憶を呼び起こすことができます。私たちがまちがえるのは、誰が何を言ったとか、いつどこでそれが起きたなどというような細かい点であることが多いようです。ところがエリザベス・ロフタスの実験によると、本人が真実だと信じている場合でも、私たちの記憶が不正確であることは頻繁にあるのです。誘導尋問・感情の動き・結果として起こったことなどの要因が、犯罪や交通事故の目撃証言など衝撃的な出来事の記憶に影響を与えます。ロフタスの仕事によって、現実の裁判における目撃証言の有効性に疑義が生じたケースがこれまでいくつもありました。さらに、児童虐待の被害者だと称する人の中に「偽りの記憶」が紛れ込んでいる可能性があるという彼女の主張は、多くの議論を呼んでいます。

実際には起こってもいないことを信じこんでしまう場合がある。

エリザベス・ロフタス

参照:60–61, 62–63, 64–65

今はあの時とは違う

ある記憶を思い起こすとき、私たちの考え方や感情はそれを記憶に取り入れた当時とはまったく違っているかもしれない。現在の気分や考えが記憶に色づけをしてしまうことを、「偏向」の罪と呼ぶ。

それを言ったのは誰?

情報自体は正しいがどこが情報源かをまちがえた場合、「出どころの取り違え」を犯したことになる。たとえば、実際には友人から聞いたことをニュースで聞いたと思いこんでしまうことなどがそうだ。

誘導尋問

どのように呼び起こされるか次第で、記憶が影響を受けることがありうる。誘導尋問の場合のように、なんであれ促すものに合致するように記憶を作り変えてしまう可能性がある。「暗示に対する弱さ」という罪だ。

忘れられない

どうしても忘れられない記憶というものがある。「しつこさ」という罪だが、悩ましいことや恥ずかしいことが繰り返し心によみがえってくる。

心的外傷後ストレス障害

望まない記憶がしつこくつきまとう極端な例は、心的外傷後ストレス障害（PTSD）という症状にみられる。たとえば戦闘活動から戻った兵士が身をもって経験した恐ろしい出来事を忘れられない場合、その可能性がある。そういう記憶は兵士につきまとい続け、楽しい思い出のじゃまをし、平穏な日常生活に戻ることを困難にする。

情報過多

目覚めている間、私たちの感覚は絶えず周囲の世界についての情報を集め続けています。見たり、聞いたり、においを嗅いだり、触れたりするものは大変な量にのぼるため、とうていすべての情報を頭に入れることはできません。私たちは注意を向ける必要のあるものを選び出し、残りは取り除きます。

注意を集中する

入ってくる大量の情報に対処し、何が重要かを見きわめる必要のある仕事があります。パイロットは飛行機の操縦に加えて、計器類をチェックし、ヘッドホンを通じて管制塔や他の乗務員からの指示に耳を傾けなくてはなりません。第二次世界大戦で英国空軍に入隊した心理学者ドナルド・ブロードベントは、パイロットがこういったすべての情報をどう処理しているかを研究しました。彼の考案した実験では、被験者はヘッドホンを装着し左右の耳から違う情報を聞きます。どちらかの情報に集中するように指示すると、被験者たちは他のチャンネルからの情報は読み取らないことにブロードベントは気づきました。私たちは一度に一つの声しか聞けないと、彼は結論づけます。多くのチャンネルを通じて情報が流れ込んでくるとき、私たちの心は注意を集中する必要のあるチャンネル以外の通路をうまく閉じているのです。

私たちの心を、一度に多数のチャンネルを受信するラジオのようなイメージで思い描いてみてもよい。

ドナルド・ブロードベント

受信と遮断

ブロードベントの注意に関する研究は、情報科学者コリン・チェリーの仕事と重なるところがありました。チェリーは、私たちが注意を向けるべき情報のチャンネルをどのように選び、他の情報からどのようにより分けているのかということに興味をもっていました。騒々しいパーティーの席でただ一つの会話に耳を傾ける様子になぞらえて、彼はこの問題を「カクテルパーティー問題」と呼んでいます。私たちは特定の声色のようなものに周波数を合わせ、背景の雑音と判断できるものは遮断しているとチェリーは説明しました。驚いた

私たちは一度に一つの声しか聞けない。

「聞いていますか?」
混雑した部屋にいる人は一つの会話に注意を集中して、周囲のざわめきは遮断しているように見える。ただし何か自分の興味をひく言葉が耳に入ると、そちらの会話にすばやく注意を向ける。

同時に多数の仕事をこなすといっても、実際には複数の仕事の間を行き来しているにすぎない。そのつど脳が扱うのは一つのことだ。

ことに、別の会話をしている誰かが私の名前や私の興味を引くような一言を口にすると、私の注意のスイッチが切り替わってそちらに向くこともわかりました。ブロードベントもパイロットについて同じようなことに気づきます。緊急のメッセージがあると、パイロットは集中すべきチャンネルを切り替えるのです。つまりたとえ今は焦点を合わせていなくても、私たちの耳は除外されているはずのことからも情報を拾い上げていて、何かカギになる合図があればそれを認識できるのです。

魔法の数7

こういう情報はすべて短期記憶に入り、そこでは一つの情報通路だけが注意の対象として選ばれ、残りは「隘路(あいろ)」による渋滞を防ぐために取り除かれると、ブロードベントは説いています。ジョージ・アーミテージ・ミラーは短期記憶を情報処理の場、特に長期記憶にしまわれる前に情報が処理される場所として説明しています。ミラーが知りたかったのは、注意すべき情報が選ばれる経緯よりも、短期記憶もしくは作業記憶が量的にどれほどの情報を保持できるのかということでした。いくつかの音の組み合わせを聞かせたり、スクリーン上に点を明滅させて見せたりする実験で、私たちは一度に7つ程度しか情報を取り入れられないことに彼は気づきます。作業記憶の処理能力は7つほどの要素のものに限定されるとミラーは結論づけ、この7という数字を「魔法の数」と呼びました。

短期記憶は一度に7項目程度まで保持できる。
ジョージ・アーミテージ・ミラー

見えないゴリラ

注意についてのある実験で、被験者たちにバスケットボールのパスをしている人が映ったビデオを見てもらい、パスが何回されたか数えてもらった。大半の被験者はパスの数を数えるのに夢中になりすぎて、ゴリラの着ぐるみを着た人物が画面の中央を歩いて横切ったことに気づかなかった。

ドナルド・ブロードベント

1926–1993

テレビやラジオの番組にレギュラー出演して心理学の普及に努めたドナルド・ブロードベントは、大きな影響力をもった心理学者でした。英国のバーミンガムに生まれ、学校を出ると第二次世界大戦中には英国空軍に入隊しました。その後ケンブリッジ大学で心理学を学び、応用心理学研究所で仕事を続け、1958 年にはその所長になります。1974 年にはオクスフォード大学に移り、1991 年に引退するまでそこで研究を続けました。

一度に 一つの声しか聞けない

私たちがどのように注意を集中するかということについての研究で、ブロードベントは最もよく知られている。英国空軍での経験から、同時に多数の情報に対処しなくてはならないパイロットや航空管制官が直面する問題を考察し、数々の実験によって、私たちが一度に一つの声しか聞けないことを明らかにした。

ブロードベントはイングランドで生まれたが、常に自分はウェールズ人だと考えていた。少年期の多くをウェールズで過ごしたからだ。

「心理学理論の**真価**は**実践的な応用**において試される。」

心理学は実生活の問題を解決できなくては……

訓練を積んだパイロットであり航空技術者でもあったブロードベントは、計器の読みまちがえやレバーの操作ミスなどパイロットの抱える問題の多くは、心理学を利用して解決できると気づいた。心理学は理論的であると同時に実用的でなくてはならないという考えから、ケンブリッジに新設された応用心理学研究所での仕事は、現実の問題に対処するための心理学の活用という道を切り開くものとなった。

騒音を止める

研究室内での実験を続けるばかりでなく、ブロードベントはいくつもの工場や仕事場に足を運んで、騒音・熱・ストレスなどが働き手に与える影響を調査した。その結果、職場環境や実践面での変更や改革を提案することができた。労働条件の改善は労働者の利益になるだけではなく、効率や生産性の向上にもつながった。

情報処理装置としての知能

私たちの脳は感覚からの情報を受け取り、貯蔵し、再生する一種の「情報処理装置」だとブロードベントは信じていた。知的活動に関するこの考え方は、第二次世界大戦後に発展するコミュニケーションや人工知能についての研究と重なる部分が多い。自分の理論を実践に生かすことに常に熱心だった彼は、コンピューター科学者と協力して人間とコンピューターの相互作用の研究にも踏み込んだ。

言葉に気をつけて!

話し言葉や書き言葉を使って複雑な考えまで伝え合う私たちの能力は、人間を他の動物から区別する大きな特徴の一つです。言葉はそれ自体かなり複雑なものですが、子どもでも生活の中で少なくとも一つの言語を、他の多くの技術に先んじて身につけます。言語能力はどういうところが特別なのでしょうか。

参照：26–27, 42–43

大人の模倣

長い間、言葉も他の知識や能力とまったく同じように学んでいくものだと考えられていました。ジャン・ピアジェやアルバート・バンデューラなどの発達心理学者は、言葉を使う能力は親や他の大人を模倣することで形づくられていくと考えました。私たちは大人が話すのを聞きながら少しずつ言葉の働き方を理解し、その上で口まねをするようになるというわけです。いったん文の構造つまり文法をつかんでしまうと、それを枠組みとして使い、新しい言葉を取り込んで語彙を豊かにしていきます。行動主義のB・F・スキナーは子どもが大人から言語を学ぶことには同意しましたが、これも一種の条件づけだと考えました。単語や文を発する子どもは条件反応を行っているのであり、その報酬は親からのほほえみや称賛なのです。

子どもは他者を模倣することによって、言葉を習得する。

アルバート・バンデューラ

組み込まれた能力

しかしながら言語は、私たちが獲得する他の技術とはかなり異なるものではないかと考える心理学者もいます。1860年代、科学としての心理学が登場する以前に、すでに科学者は脳の特定部位が発話に関係していることを突き止めていました。フランスの医師ポール・ブローカは脳のある領域が損傷を受けると、発話能力に影響が出ることを発見しました。ブローカの研究に続いてドイツの精神科医カール・ウェルニッケは、言語の理解と言語運用に関わる脳の新たな領域を特定します。こうした発見は、言葉を使うある種の能力が脳の中に組み込まれていることを示唆しています。

普遍文法

1960年代、認知科学者でもある言語学者ノーム・チョムスキーは、言語の習得に関して議論を呼ぶ斬新な考えを発表しました。子どもがきわめて幼い年齢で文の意味を理解できるように

手話

ニカラグアの学校である耳の聞こえない子どもたちの集団が、ユニークなコミュニケーション方法を編み出した。その子たちは手話を教えられたことはなかったにもかかわらず、自分たちだけで手話をつくり上げたのである。それは他の話し言葉や書き言葉に似た文法をもつ洗練された言語へと進化していき、私たちが生まれながらに基礎的な言語能力を備えていることを示す例となった。

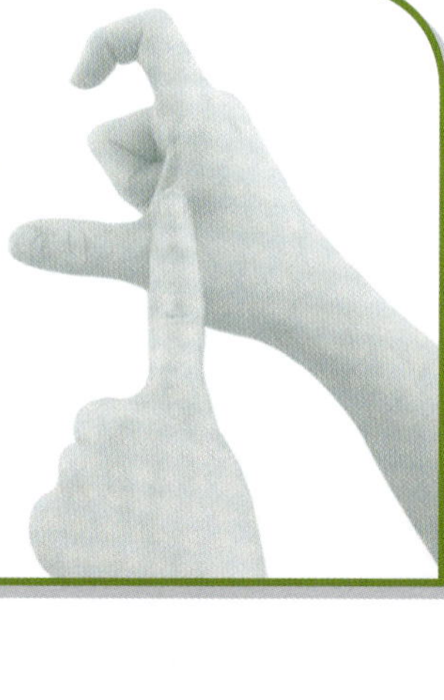

女の子は通常男の子より早くしゃべり始める。女性の脳の言語領域のほうが、男性より17パーセントほど大きい。

なり、複雑な文法を使った話し方を短期間で身につけることに、彼は注目します。文法規則など誰も教えていないのに、子どもたちはすでに把握しているのです。そしてこの事実は、あらゆる種類の言語を用いるあらゆる文化圏にあてはまります。言葉を身につけ使いこなすこの能力は、私たち皆に生まれながら備わっているのではないかと、チョムスキーは考えます。脳には特別の機能をもった「言語習得装置」と呼ぶべきものがあり、これによって私たちは言語の構造を理解することができるというのです。さらに、世界中どこの子どもにも文法を理解する同じ能力がある以上、人類すべての言語に共通の構造すなわち「普遍文法」という土台があるはずです。生まれながらの本性的言語能力というチョムスキーの考え方はそれまでの言語習得理論とは大きく異なるものであり、すべての心理学者が同意しているわけではありません。言語能力も他の問題解決能力に近いものだと主張し続けている学者もいます。カナダの認知心理学者スティーヴン・ピンカーはチョムスキーの見解を支持しながらも、私たちの言語能力は受け継がれ、進化を通じて形成されてきたと主張しています。

言語器官は他の身体器官と同様に成長する。

ノーム・チョムスキー

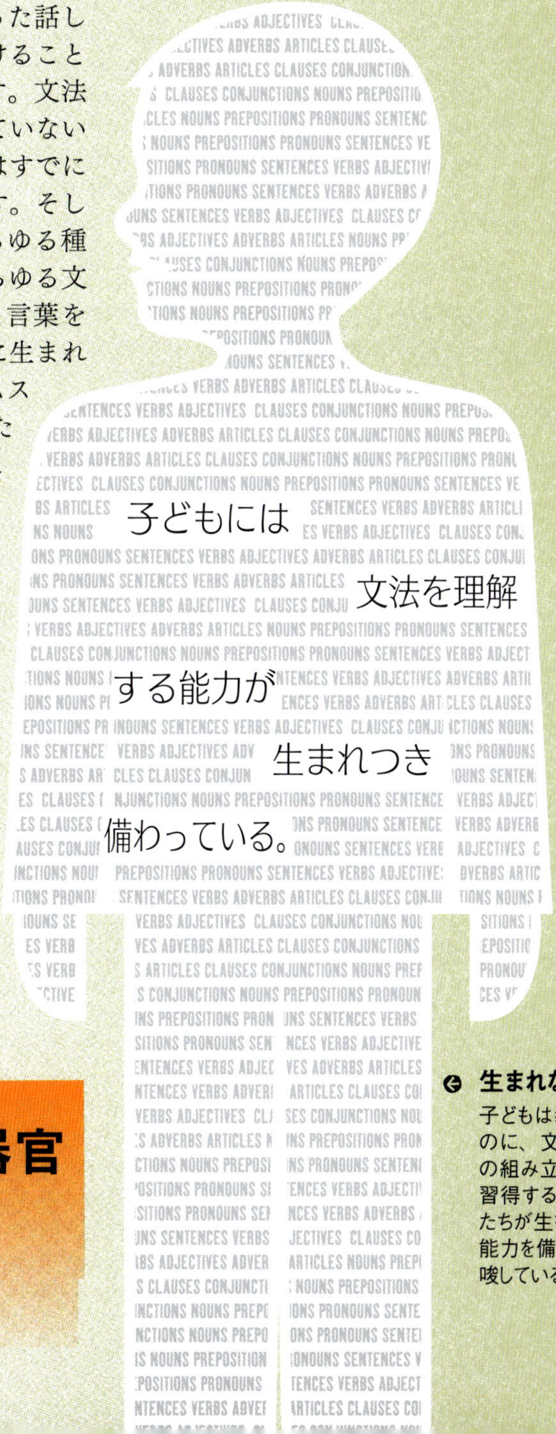

生まれながらに
子どもは教えられもしないのに、文法にかなった文の組み立て方を短期間で習得する。この事実は私たちが生得的に言語理解能力を備えていることを示唆している。

自分を**欺いている**のでは?

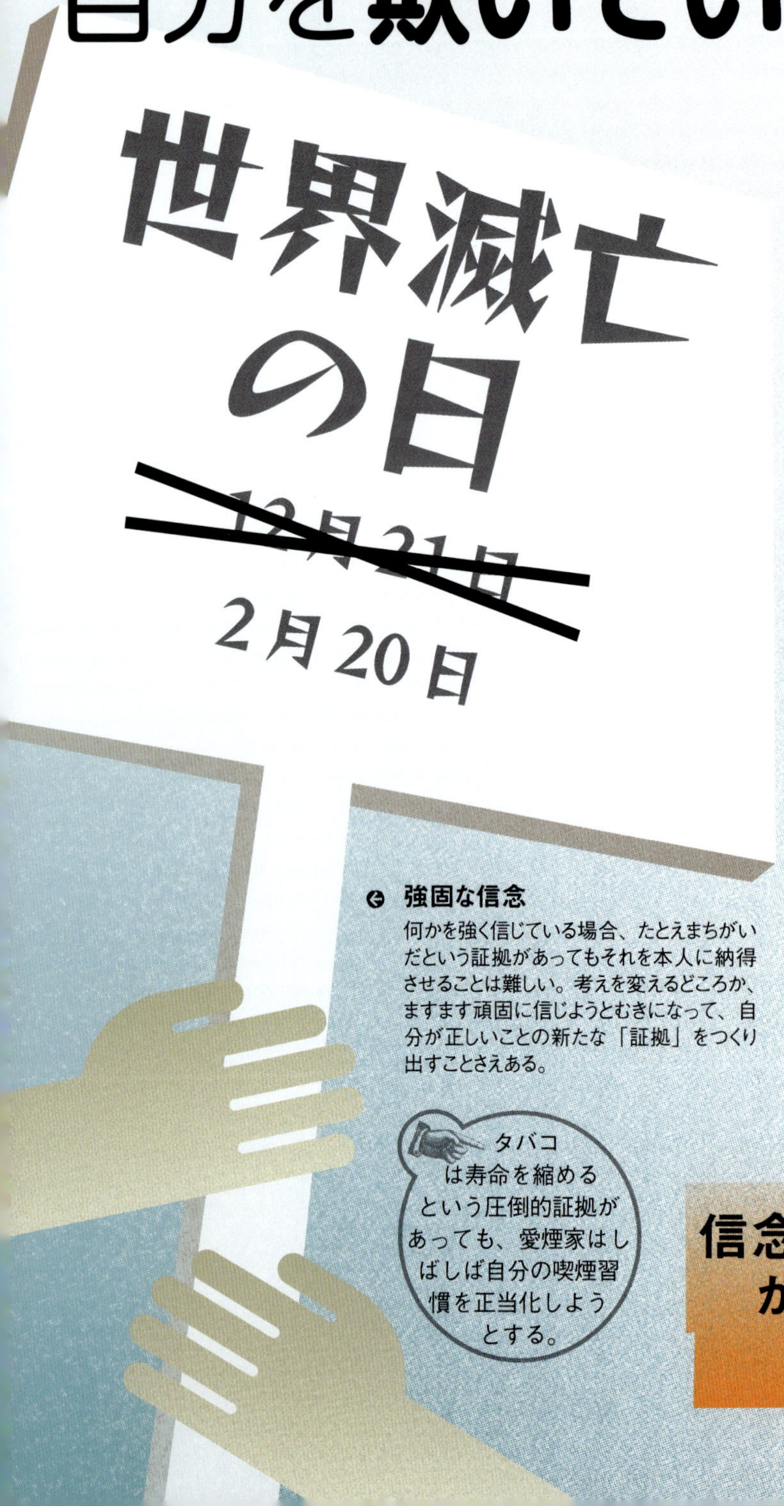

強い信念や思いこみのある人の考え方を変えさせるのは容易ではありません。たとえまちがっているという証拠を示しても、そういう人は自分が正しいと言い張るでしょう。誰でもこういう傾向があり、まちがいが明らかな場合でさえ、自分の信念には正当な理由があるというある種の自己欺瞞(ぎまん)から簡単には抜け出せません。

強固な信念
何かを強く信じている場合、たとえまちがいだという証拠があってもそれを本人に納得させることは難しい。考えを変えるどころか、ますます頑固に信じようとむきになって、自分が正しいことの新たな「証拠」をつくり出すことさえある。

タバコは寿命を縮めるという圧倒的証拠があっても、愛煙家はしばしば自分の喫煙習慣を正当化しようとする。

ゆるぎない信念

信念が大切なものであるのは言うまでもありません。日々の生き方そのものが、自分が知っていることや真実だと信じているものを土台として成り立っています。だから自分が固く信じているものに誰かが疑いをさしはさむと、とても居心地の悪い気分になります。レオン・フェスティンガーはこの不安の感覚を「認知的不協和」と呼びました。私たちは誤りを認めるよりも、しばしば自分の思いこみによけい固執するようになります。居心地の悪さを追い払おうとして自分の信念を正当化し、それに対する反証にはことごとく反駁(はんばく)しようとします。だから固い信念をもつ人の心を変えることは非常に困難だと、フェスティンガーは悟りました。「そういう人に反対だといっても、まず受けつけない。事実や数

信念をもつ人とは変えるのが困難な人のことだ。

レオン・フェスティンガー

――思いこみの罠《わな》

字を示して反論しても、その根拠を疑ってくるだろう。論理に訴えようとしても、こちらの論点を理解しようとしない。」自説の検証のために、フェスティンガーとその仲間はあるカルト教団のメンバーに会いました。教団は宇宙人から世界の終わりを予言するメッセージを受け取ったと称しています。インタビューではメンバー全員が、その年の12月21日に世界が滅びるという固い信念を語りました。滅亡の予言がはずれた後、心理学者たちが再び会いに行くと、教団員はそのストーリーを放棄するどころか、自分たちの強い信仰があったからこそ世界は救われたのだと宣言しました。自分たちがまちがっていたと認めれば、「認知的不協和」を引き起こしていたことでしょう。それどころか彼らの信念はさらに強化され、その献身的信仰に感謝する新たなメッセージを受け取ったなどと言い張ったそうです。

恥ずかしさをくぐり抜けると……

最も熱心な信者はカルト教団のために最も多くを捨てた者たちであることに、フェスティンガーは注目します。彼らの多くは職を捨て、家を売り払いました。何かに多くの時間と労力をささげるほどそれを守ろうとする傾向が強まるのです。ある実験で彼はボランティアに退屈な作業をさせ、何人かには報酬として1ドルずつ払い、他の者には20ドルずつ払いました。その上で仕事の感想を尋ねてみると、報酬が多かったグループはおもしろくなかったと答え、報酬が少なかったグループではおもしろかったと答える傾向がみられました。これはわずかばかりの報酬のために、自分がその作業に注いだ労力の量を正当化する必要があったためと考えられます。別の学者による実験では、すべきことにある程度の恥ずかしさが含まれている場合も、人の考え方に影響を与えることがわかりました。学生が楽しくおもしろそうだと思うような「性の心理学」についてのグループ討論に参加するように、女子学生を誘います。直接討論に入る学生とはじめに「困惑テスト」を受けてもらう学生に分けますが、そのテストでは卑猥(ひわい)な言葉の一覧やエロティックな描写の文を読みあげるというような侮辱的な課題が与えられます。その後、参加者全員が動物のつがい形成に関する退屈な討論の録音を聞き、これが初めに参加を募った討論だと明かされました。感想を尋ねられると、「困惑テスト」に耐えて参加した学生はそうでない学生よりずっと好意的にその討論を評価したそうです。

> **自分が愚かだと感じるようなことをしても、私たちは自分がしたことを正当化する方法を見つけようとする。**
>
> **エリオット・アロンソン**

浮き上がる花瓶

何人かの人々に、念力を集中して花瓶を浮かび上がらせてみてほしいと頼んだ。参加者には明かされていなかったが、花瓶には電磁石でテーブルから浮揚する仕掛けが備わっていた。ある人は花瓶の底から煙が出るのが見えたと言い、別の理科の教師は花瓶が浮き上がったこと自体を頑として認めなかった。

世界に意味を与える

私たちは見るものにパターンを見いだそうとする

類同の法則
私たちは通常似たものをまとめて見ようとするので、この図は正方形の列と円の列が交互に計５列並んでいるとみなされ、正方形と円の混ざった横の列が３列あるとは考えにくい。

近接の法則
いくつかのものが互いに近い距離にあれば、まとまりとして知覚する傾向がある。この図の場合、私たちは左側の６個のグループと右側の６個のグループに分けて見ようとする。

視覚や聴覚などの感覚は、周りの世界についての重要な情報を集めます。しかしこの情報が役に立つためには、その意味を理解しなくてはなりません。感覚からの情報を整理し解釈するこの知的プロセスを知覚といいます。

パターンの認識

私たちが見たり聞いたりすることには膨大な量の情報が含まれています。私たちの脳は入ってくる情報を調べ、パターンを探すことによって意味を与え、何が重要かを見きわめようとします。たとえば正方形を見るとき、私たちは単に４本の線分が集まっているのを見ているのではなく、線分の組み合わせによる特殊な構造を正方形と認識しているのです。音楽を聴くときも同様に、私たちはばらばらな音の連なりを聞いているのではなく、一つの旋律として曲を認識しているのです。20 世紀初頭、ヴォルフガング・ケーラーやマックス・ヴェルトハイマーに代表される心理学者のグループが、認識すべき「形態」——ドイツ語で「ゲシュタルト」と呼ばれる統一的全体構造——を私たちがどう捉えるか、ということに初めて注目しました。

> **全体は部分の総和とは異なる。**
>
> ヴォルフガング・ケーラー

ルールに沿って

世に知られるようになったゲシュタルト心理学者たちは、感覚からの情報を解釈しパターンを認識する能力は私たちの脳に組み込まれたものだと

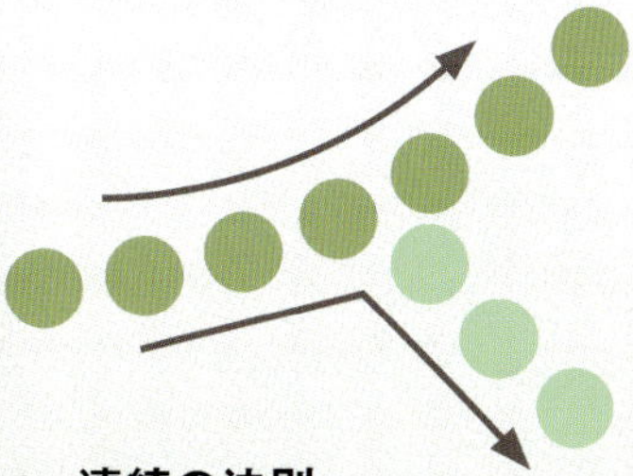

連続の法則
なめらかで連続的なパターンはぎくしゃくしたものより認識しやすい。この図では、折れ曲がった列よりもなめらかな上向きの列のほうが見えやすい。

閉合の法則
不完全な図形の欠けている部分を補って、背景からその形を浮かび上がらせようとする。この図では３つの円の上にのった三角形が見える。

考えました。脳は情報を整然と組織化し、特定のパターンを探すと彼らは主張します。私たちの知覚、言いかえると感覚からの情報を私たちがどう解釈するかは、いくつかのルールに従っているように思われます。このルールが「知覚体制化のゲシュタルト法則」（プレグナンツの法則）を構成するものです。ばらばらなものが組み合わされ特定の構造をもつと別のものができあがるという事実は、ゲシュタルト心理学の鍵となる考え方で、全体的パターンの最初の知覚は個々の部分の知覚とは異なることを示しています。

思考を成り立たせているのは、構造を理解することと既知の事柄にあてはめる作業である。
マックス・ヴェルトハイマー

次元を変える

入ってくる情報を組織化しパターンを見つけるこの能力のおかげで、私たちはものを見分けることができます。たとえば何かを見て、それが草原にいる牛だと認識するとき、私たちは牛の姿と背景とを識別しています。草原にいる牛が描かれた２次元の絵を見ても、私たちは動物と背景の区別を認識し、像の重なり方から近くにあるものと遠くにあるものを見分けます。さらに私たちは絵の中の遠近法を理解し、小さく見えるものほど遠くにあるというルールなどを使って、絵の表す三次元空間のイメージをつくりあげるのです。遠近法はものがどちら向きに動いているかを判断する場合にも役立ちます。テレビの画面上で何かが徐々に大きくなればそれが近づいてくると気づきますし、小さくなれば遠ざかっていることがわかります。私たちは現実の３次元世界も、形・背景・遠近法などの鍵を利用してものの相対的位置を判断し、同じやり方で解釈しているのです。この能力は私たちが実際に行動する上で欠かせないものでしょう。

赤ん坊は目に見えたものや手に触れたものを比較しながら、個別のものを見ることを学んでいく。

参照：78–79

浮かび上がる犬

一見すると、これは白地に黒い斑点が無造作に散らばっているだけの絵にしか見えない。しかしダルメシアンと思われる犬が地面を嗅ぎまわっていると言われれば、おそらくあなたも背景から浮かび上がる犬の姿の輪郭をつかむことができるだろう。

目を信じてはいけない

知覚とは感覚を通して物事を認識するプロセスですが、これによって私たちは見たこと、聞いたこと、感じたことを解釈します。知覚の助けを借りて、私たちは周囲の世界のどこへでも行き、いろいろなことができます。ただ情報が曖昧であったりまちがえやすかったりすると、私たちの頭は誤って解釈してしまうことがあります。知覚に誤りがあれば、現実世界をありのままに見ることはできません。

見るということ

ゲシュタルト心理学は、私たちが知覚の際、感覚からの情報の中に認識可能なパターンを見つけようとすることを明らかにしました。しかしパターンを見分ける能力がときに正しく働かないことがあります。特定の姿や形を見つけられなかったり、実際にはないパターンを見てしまうこともあるのです。ジェローム・ブルーナーやロジャー・シェパードなどの認知心理学者は、脳が感覚情報を組織化するとき、過去の経験に照らし合わせるためにそういうまちがいが起こると考えました。私たちは無条件にパターンを探しているのではなく、知っているものや期待しているものを見つけようとしているのです。だから私たちの脳は結論に飛びつき、自分が認識したと思うものをそこに「見いだす」という過ちを犯します。形やパターンが知覚を惑わす例としては、ありえないところに見慣れたイメージを見つけたと言い張るケースなどが挙げられるでしょう。たとえば火星の表面に顔が浮かんでいるとか、トーストの焦げ具合がキリストの肖像に見えるなどという場合です。異常な形の雲をUFOと思いこむのもこれにあてはまるでしょう。

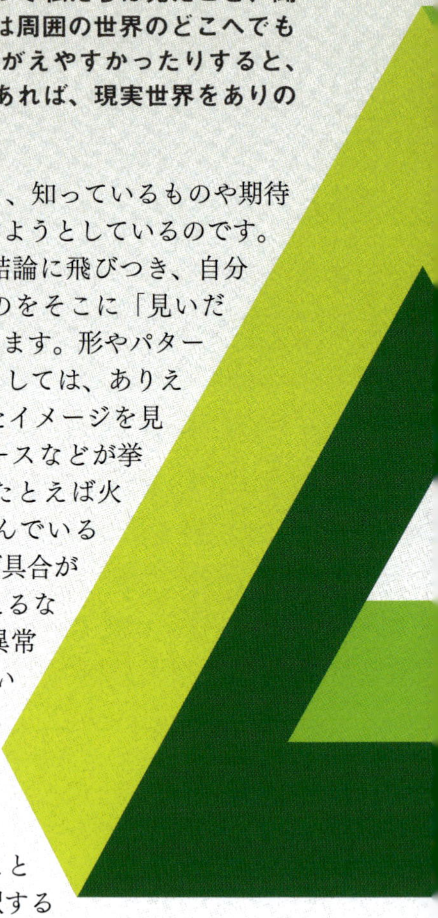

錯覚の罠(わな)

感覚が語りかけることを私たちが誤って解釈するだけではなく、実際の情報自体が誤解を促す場合もあります。私たちが選び出すパターンは、見ているものの正体を

小びと？ それとも巨人？

錯視がすべて２次元的なものとは限らない。アデルバート・エイムズ・ジュニアの考案した「エイムズのゆがんだ部屋」では、同じ平均的身長であるはずの２人が常識外れのサイズに見えてしまう。まるで小びとと巨人のようだ。この錯視効果を生み出すために、この部屋は壁・天井・床などが実際には傾斜してゆがんでいるのに、ある角度から見ると普通の長方形に見えるような造りになっている。

必要、動機、期待——どれも知覚に影響を与える。

ジェローム・ブルーナー

明かす鍵となるのが普通です。たとえば２次元の絵の場合、描かれた形の大きさや重なり具合から私たちは間近にあるものと遠くにあるもののイメージをつかみます。３次元空間を２次元画像に表す遠近法というものを、通常私たちは正しく解釈できていますが、私たちの脳がだまされてしまうケースもあるようです。有名なポンゾの錯視やミュラー－リヤーの錯視にみられるように、目の錯覚を引き起こす錯視図形では、大きさや距離についてのまちがった結論に私たちを導く遠近法のトリックが使われています。ペンローズの「ありえない三角形」のような例では、自分の体験している世界とは矛盾する知覚にめまいを覚えます。

古代ギリシア人は、錯視が目の欠陥によるのか頭の欠陥によるのかわからなかった。

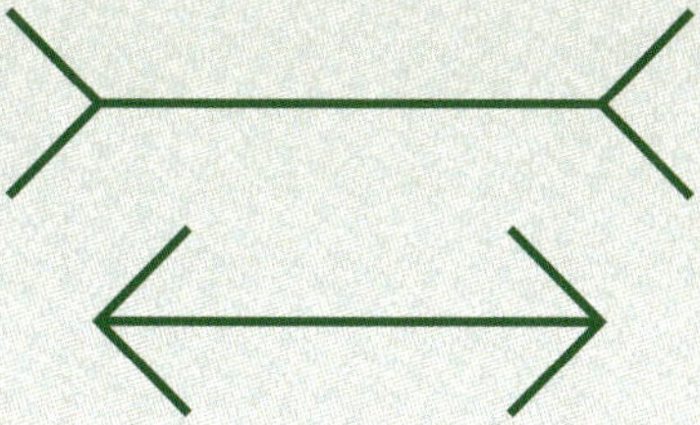

ミュラー－リヤーの錯視

ありえない三角形

ペンローズの三角形のような錯視図形は、見る者の感覚を混乱させるように工夫されている。ミュラー－リヤーやポンゾの図では、水平な線の長さ（ポンゾの図ではオレンジ色の線）は等しい。

ペンローズの三角形

ポンゾの錯視

知覚とは外界に誘導された幻覚である。

ロジャー・シェパード

直接の感知

遠近感に狂いが生じれば、ボールをキャッチしたり自転車で角を曲がったりするときに判断を誤る可能性が高まります。車の運転や飛行機の操縦の際には大事故につながりかねません。しかしＪ・Ｊ・ギブソンのように、私たちがこういうミスを犯すのは現実の３次元空間を２次元のイメージに解釈しなおす場合に限られる、と考える心理学者もいます。現実の３次元世界では私たちは物体や出来事を感覚情報から直接感知するのであって、これまでの経験や見たいという期待に照らし合わせて情報を解釈するのではない、というのです。これまでの心理学者が知覚というものを２つのプロセス――感覚とともにあるがまま受け取る生理的プロセスとその意味を認知する知的プロセス――に分けて考えていたのに対し、ギブソンの見解では、直接知覚という１つのプロセスとして捉えられています。

実生活の中の
認知心理学

注意を集中する

一人で複数の仕事を同時進行させるなどというのは現実的ではない。一度に複数のことをしようとすれば、注意は散漫になり仕事の出来は低下する。飛行機の操縦席はパイロットの注意がそれないように、心理学の面からも工夫され、事故の減少につながっている。

ヘッドライト

運転中、車のヘッドライトは点灯したまま? それとも昼は消したほうがいい? 研究者によると、たとえ晴れた日の日中でも他から見えやすくするために、ヘッドライトは切らないほうがいい。少しでも目立つことが事故防止につながるという。

その雰囲気に戻る

認知心理学では、私たちは何かを覚えたときの環境に戻ると、そのことを思い出しやすくなることがわかっている。この理論に基づいて、病院で患者に体操を教えるときに音楽を流すようにすると、患者は自宅でもその音楽に合わせて体操を思い出しやすくなる。

速読

文章を読むとき、あなたは実際にはすべての言葉を見ているわけではない。これは情報処理のやり方に関わっている。たとえば前の文で「や」の字が繰り返されていることに気づいただろうか。私たちの脳はこのようなミスをつい見過ごしてしまいがちなので、自分の書いた文はしっかり読み直してチェックするのを忘れないように。

認知心理学では、注意・記憶・知覚・意思決定など私たちの心的プロセスが研究されています。日々使われているこういった能力の理解が、たとえば航空や路上交通の安全、司法制度のあり方などの改善につながります。明日のテストに備えて大事なところを暗記するのにも役立つでしょう。

法廷での証言

目撃証言というものは必ずしも信頼できない、という調査結果がある。認知心理学の専門家は、法廷での証言の信頼性についてよく意見を求められる。専門家が関わることで司法制度に変化がもたらされたこともあった。たとえば地域によっては、記憶の不完全性についてあらかじめ陪審員に説明しておくことが、裁判の手続きとして義務化されている。

目くらまし迷彩

第一次世界大戦で英米海軍の艦船は、「ダズル迷彩」と呼ばれる複雑な幾何学模様の塗装でカモフラージュされた。船を隠すのではなく、船の航路・方向・大きさ・形・速度についての敵の認識を惑わし、魚雷攻撃をかわすことがそのデザインの目的だった。

リズムのある言い回し

自分の言うことを他人に印象づけたいとき、言葉の選び方に注意しよう。韻をふむなどリズムのある言い方と普通の言い方を心理学的に比較してみると、工夫した表現のほうが聞き手の心に残ることがわかっている。だから商品広告ではリズムのあるコピーが多用される。

勉強のコツ

心理学の研究成果を生かして、あなたの勉強習慣をよりよいものにできる。私たちはかたまりに分けたほうが物事を暗記しやすいので、ノートをとるときはわかりやすい見出しをつけて区切って書くのがよい。また視覚化すると覚えやすくなるので、勉強に簡単な絵や図を取り入れるようにしよう。

自分らしさ
とは?

差異心理学あるいは個性の心理学は、さまざまな個人差を生み出す心理学的構造・性質に関わる研究分野です。人格・知能・情動などの考察に加えて、ここでは精神的疾患やその治療法も扱われます。

あなたの**個性**をつくるのは何?

私って**どんな人間?**

あなたの**知能**はどのくらい?

どうしてそんなに**気分屋**なの?

何が**動機**になるのか?

人格は変わるか?

落ちこむ

依存症

正常とは?

どこか**狂っている**?

根っからの**悪人**っている?

話すことの効用

治療に「**正解**」はあるか?

くよくよしないで、**幸せ**になろう!

あなたの個性を

遺伝と環境のどちらが人格形成に大きな役割を果たしているかは、あなたがどこで暮らしているかによる。

私たちの性格はみな心理学的に異なっていて、それが各人の人柄を決定しています。性格・知性・能力・適性の違いが一人一人をユニークな存在にしているのです。でもこういった特徴はどこから生まれてくるのでしょう? 私たちの人格は生まれた時からのものなのでしょうか、それとも育った世界によって形成されたのでしょうか?

私たちは環境によって
形づくられたのだろうか、
それともこのように
生まれついたのだろうか?

「生まれつき」とは人が自分でこの世に持ち込むすべてを意味する。「育ち方」とは誕生後にその人に与えられるあらゆる影響のことだ。
フランシス・ゴルトン

生まれか、育ちか?

ずっと以前から、人間は世界についてのなんらかの知識をもって生まれてくるのか、それとも「白紙」の状態で生まれてすべては経験から学ぶのか、という議論は続いていました。私たちは個性をもって生まれてくるのか、生まれてから身につけ発達させていくのか、という点についても同様に考え方は分かれていました。19世紀には、ダーウィンによる『種の起源』(1859年)の発表とメンデルによる遺伝研究の影響を受けて、論争は科学の問題になります。この二人の仕事によって、生理的な面だけでなく行動面も含めて、少なくともある種の性質は遺伝

人格形成
私たちはもって生まれたものの力で現在の姿に成長したのか、それとも周囲の世界からの影響で現在の姿がつくられたのか——心理学者は議論を闘わせてきたが、現在では両方の組み合わせによると考える人が多い。ちょうど自然に成長するが、同時に刈り込みもされる木のように。

つくるのは何？

によって受け継がれていくという証拠が得られました。それでも私たちの人格形成には育った環境の影響が大きいと、多くの人は信じ続けています。ダーウィンのいとこフランシス・ゴルトンはその科学的証拠を調べた研究者の一人ですが、「生まれつきか、育ち方か」という言葉でこの「遺伝・環境論争」を表現しました。

遺伝子に組み込まれている?

当初「生まれつきか、育ち方か」という問題は心理学者の見方を二分していました。1920年代に、私たちに心理学的性質を与えるものについて、まったく異なった二つの見解が登場します。「生まれつき」を重視する立場では、発達心理学者アーノルド・ゲゼルが、人間は人格を決定する発達のパターンを進んでいくように遺伝的にプログラムが決まっていると主張しました。私たちはみな同じ一連の変化を同じ順序で経験していき、これらの変化は「環境の影響を比較的受けにくい」といいます。ゲゼルが「成熟」と呼ぶ過程において、受け継いだ能力や性質がこの変化のパターンを経てしだいに顕在化し、私たちは肉体的にも情緒的にも心理的にも成長していきます。「育ち方」重視の行動心理学者ジョン・B・ワトソンは、心理学的な形質は受け継がれるものではないと反論します。ワトソンの考えでは、性格・才能・気質を形成するのはもっぱら育った環境であり、とりわけ私たちが受けた訓練なのです。

正しい数の手足の指、眼、そしていくつかの基本的な動きが加われば、一人の人間をこしらえるのに他に原材料は要らない。天才でも、紳士でも、凶悪犯でも何でもできる。

ジョン・B・ワトソン

どちらもある程度

この議論は今日まで続いていて、さまざまな心理学的アプローチによって遺伝あるいは環境の重視の見方も多様になっています。ダーウィンの進化論やメンデルの遺伝学が遺伝重視の流れを作り出す一方、20世紀前半には行動主義や社会心理学の理論が環境要因重視の立場を訴えました。その後の議論は振り子が振れるように遺伝子研究や生物学的心理学の発見とともに遺伝重視の考え方に傾き、ダーウィンの理論をヒントにした進化心理学などの新しい分野も開拓されています。しかし今日では、ゲゼルやワトソンのような極端な立場をとる心理学者はあまり見あたりません。影響の大きさについての見解は分かれるものの、遺伝と環境のどちらも人格形成には一定の役割を果たしている、という見方が一般的になっています。

参照：18–19

双子の観察

生まれと育ちの重要性を比較する上で有効な方法として、一卵性双生児の研究——特に早い時期に離れ離れになって、別の家庭で育てられた双子の研究が挙げられる。一卵性双生児の場合、遺伝子の構成はまったく同じだから、能力・知能・性格の差は異なる育ち方の結果である可能性が高い。

私ってどんな人間?

誰かについて「どんな人か」を話題にするとき、私たちはふつうその人の考え方やふるまいを語ろうとします。たとえば、陽気で、うちとけやすく、外向的であるとか、あるいは暗く、心配性で、内気だなどと人物を描写します。私たちの個性を形づくっているのは、こういうさまざまな性質の特別な組み合わせだといえるでしょう。

性格特性

人格研究の草分けはゴードン・オルポートです。どんな言語にも人格の諸相を表現する豊富な言葉があることに注目したオルポートは、性格の特性という考え方を提唱しました。2種類の基本的な特性があると彼は言います。まず同じ文化的背景をもつ人間ならある程度は誰にでもある共通特性、そして一人一人異なる個人特性です。各人には個人特性の独特の組み合わせがあり、ある特性が他を支配することもあります。中心となる主要な特性が各人の人格全体を形成しているのですが、同時に副次的な特性もあって、私たちの趣味や好き嫌いなど限られた状況で時々顔を出します。ある種の人々においては、冷酷・貪欲・野心といった単独の特性または要となる特性が、他の性格特性を圧倒して覆い隠してしまうことがある、とオルポートは指摘しています。

ほの暗い照明は正直さを後退させ、ずるいことをしやすい雰囲気をつくる。明るい照明はその反対の効果がある。

あなたは内向型? 外向型?

ハンス・アイゼンクはさまざまな性格に関する統計を分析しながら、「特性」よりむしろ「型」に焦点を当てた理論を編み出しました。オルポートがほとんど無制限に数多くの特性を列挙していったのに対し、それらは人格をつくりあげる共通要因の範囲内に記された点のようなものだとアイゼンクは考えました(右ページの性格モデル図参照)。それぞれの人格の型は2つの物差しで測ることで判断できると、彼は主張します。どのくらい内気か社交的か(内向型か外向型か)、そして情緒的に安定しているか不安定か(安定型か神経症型か)というのが2つの物差しです。後に第3の尺度として「精神病傾向」が加わりますが、これは深刻な精神疾患のある人にみられる傾向を測るものです。あらゆる人格の型は、外向性・神経症傾向・精神病傾向の3つの特徴がどの程度表れているかで定義できると、アイゼンクは考えます。大多数の人格は3つの物差しにおいて両極の間のどこかに位置し、たとえば精神病傾向が高いレベルにある人でも精神を病んでいるとは限らず、ただ患者にみられる特徴をいくつか示しているにすぎないといいます。

人は「特性」をもっているとは言える。だが「型」をもっているとは言えない。
ゴードン・オルポート

「ビッグファイブ」——5大因子モデル

アイゼンクの人格理論は、その後他の心理学者によって修正を加えられていきます。その一人レイモンド・キャッテルは、人格は一貫して変わらないものではなく、私たちはさまざまな状況で異なった行動をするし、人格の中の違った側面を表すこともあると指摘しました。他の心理学者、たとえばジョージ・ケリーなどは、自分自身の人格

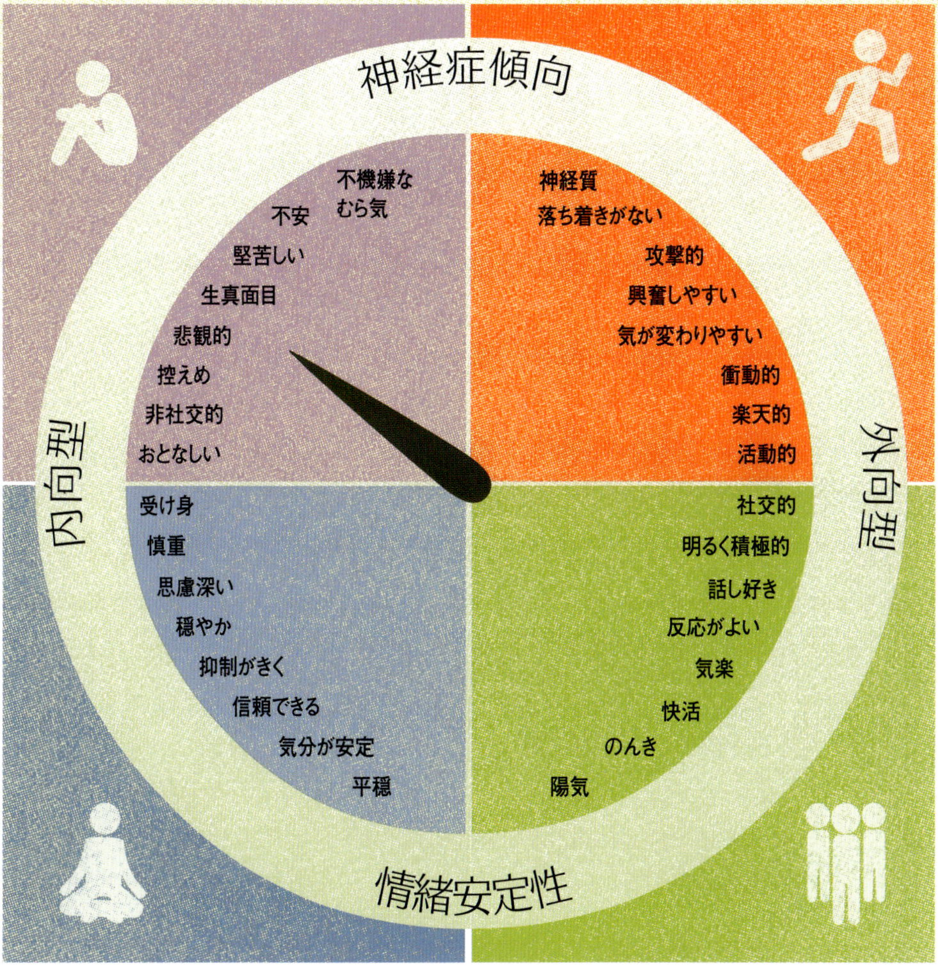
神経症傾向
情緒安定性
内向型
外向型
不機嫌な
むら気
不安
堅苦しい
生真面目
悲観的
控えめ
非社交的
おとなしい
神経質
落ち着きがない
攻撃的
興奮しやすい
気が変わりやすい
衝動的
楽天的
活動的
受け身
慎重
思慮深い
穏やか
抑制がきく
信頼できる
気分が安定
平穏
社交的
明るく積極的
話し好き
反応がよい
気楽
快活
のんき
陽気

4つの型
ハンス・アイゼンクの人格モデルは、相反する傾向の尺度に基づいてつくられている。4つの区分には、その類型に属する人にありそうな諸特性が含まれる。たとえば神経症傾向がある内向的な人は悲観的なものの見方をしやすい。

参照:88–89, 96–97

についての考えは見たものや経験したことを自分がどう解釈するかに関わる以上、他人の見方とは必ずしも一致しないと考えました。ケリーはこの独自の解釈を「人格構成」と呼んでいます。1960年代には、5つの要因(因子)に基づく人格類型の体系が考案されました。「5大因子モデル」の型にはアイゼンクの説と同じ「外向性」と「神経症傾向」が含まれるものの、「精神病傾向」は「誠実さ」と「協調性」に置きかえられ、「経験への開放性」という新たなものさしが加わりました。今では多くの心理学者がこの「5大因子モデル」を人格類型の最も有効で信頼できるモデルだと認めているようです。

第一印象

人の性格は顔から読み取れるという考え方は、ある程度当たっているかもしれない。私たちはみな外見で判断し、ある人物について多数の人が同じような結論を出すことも多い。最近の研究では、第一印象による性格特性の判断が驚くほど正確でありうることが示されている。たとえば内気そうな表情は、その人が内向的な人間である可能性が高いことを示している。

ゴードン・オルポート

1897–1967

　人格心理学の創始者ともみなされるゴードン・オルポートは、その研究生活のほとんどをハーバード大学で過ごしました。地方医師の息子としてインディアナで生まれ、6 歳のときにオハイオに移ります。ハーバードではまず哲学と経済学を学び、トルコのイスタンブールで 1 年過ごした後、帰国して心理学の博士号を取得しました。ドイツと英国にも留学しましたが、1924 年から 1967 年に亡(な)くなるまでハーバード大学で教えました。

言葉に注目する

研究生活のきわめて早い段階で人格に興味をもち、1921 年には社会心理学者である兄のフロイド・オルポートとともに人格特性についての本を書いた。後の研究でオルポートは辞書から人の性格を記述する 1 万 8000 語の言葉を集め、これを分析・整理して人格を構成する特性のカテゴリーをまとめた。

オルポートは学校では内気で孤独な少年だった。足の指が 8 本しかなかったため、いじめられることもあったという。

状況の変化

オルポートによれば、私たちの人格は固定したものではない。一貫して変わらぬ特性もあるが、時とともに変化する特性や限られた状況でしか姿を見せない特性もある。彼が例として挙げたロビンソン・クルーソーは、無人島と思われた島で仲間を見つけてからある種の特性を表すようになった。「ロビンソン・クルーソーは、フライデーが登場する前は人格的特性を欠いていたのだろうか」とオルポートは問いかける。

動機と駆り立てる力

行動の理由に関する著作の中で、オルポートは自身が「動機」「動因」と呼ぶものに区別を設けている。何かをする際のもともとの理由である動機は、それとは別の動因（駆り立てる内的な力）を生み出すことがある。たとえば、ある人が政治の世界に入っていく動機が社会をよくしたいとか、人助けをしたいというものであったとしても、いつのまにか権力の行使自体が目的化し、それが本人を動かす力になっている場合がある。

「概念の拘束服を着せて押さえつけるには、**人格**はあまりにも複雑なものだ。」

価値観

人が生きていく上で何に価値を認めるかということが、その人の人格について多くを語るとオルポートは考えた。同僚とともに、彼は選択式の検査を用いて、人々が次の６つの基本的な価値類型にどのくらい同感できるかを調べた――理論型（合理的な真理の追究）、経済型（有益性重視）、審美型（美的感覚）、社会型（他者との絆〔きずな〕を追求）、政治型（権力重視）、宗教型（一体感と倫理への渇望）。

あなたの**知能**はどのくらい?

スポーツの得意な人とそうでない人がいます。同様に知的能力が優れた人がいて、そういう人は頭がいいとみなされます。しかし知能という言葉が意味するものを正確に定義したり、それを測定する方法を見つけることは、簡単ではありません。身体の技能にさまざまな種類があるのと同様に、おそらく知能も多種多様であると思われます。

知能を測る

初めて本格的に知能を研究した心理学者の一人アルフレッド・ビネは、学習について特別な援助が必要な子どもを見つけ出す方法を検討するように、フランス政府から依頼されました。同僚のテオドール・シモンとともに、ビネは一般的な知的能力を評価するためのテストを考案しました。これが最初の知能テストと考えられています。それ以来、知能指数(IQ)を測定するために、さまざまな検査が考案されてきました。知能指数は知能の程度を数値化したもので、各年齢の平均IQが100になります。しかしこういった検査の信頼性を疑問視する心理学者もいます。テストの問題が作り手の考える「知能」(多くの場合、数学や言語能力に偏りがちになる)を反映してしまい、他の領域で優れた能力があっても低い評価にしかならないからです。また検査は西洋的な知能の概念に基づいたもので文化的

内省
自己の内面を見つめ、文章を書くことや絵を描くことが得意。日記をつけるなどの個人的習慣に向いている。

対人関係
他者を理解し他者と交流する才能が豊かなこと。グループ活動で輝きを示す。

論理
論理的に思考し、問題を分析し、パターンを見抜く能力がある。パズルを解くのが得意

運動・身体感覚
体の使い方がうまい。スポーツ、体を使ってものをつくり上げる仕事、身体表現などが巧み。

言語
言葉を扱う才能。読むこと・書くこと・話すこと・言葉を使うゲーム・人前での発表に秀(ひい)でている。

音楽
リズム・旋律・和声(ハーモニー)の感覚に優れ、楽器の演奏にも才能を示す。

空間
美術系アーティストやデザイナーにみられる、空間や造形の優れた感覚や細部への目配り。

私たちは多種多様な知能をあやつっている。

に偏っており、他の文化圏出身の人には不利でしょう。さらに知能を検査し測定することは、知能というものが不変の資質であり、環境による影響を受けないという印象を与えます。この印象はときに、ある人種が他の人種より遺伝的に知能の面で劣っているという誤解にもつながりました。

一般から特殊へ

知能検査については、そもそもそこで何が検査されているのかという問題があります。数学が得意な者もいれば音楽や言語表現が得意な者もいますが、そういった能力ははたして知能と呼ばれるある種の一般的資質に由来するものなのでしょうか。もしそうなら、どうやってそれを検査し測定できるのでしょう？ 英国ではチャールズ・スピアマンが、あるタイプの検査でよい成績をあげた人は別のテストでも高得点をとることに注目しました。特殊な課題をこなすための特殊な知能があるように、生まれながらの一般的知能というものがあるという考えを、スピアマンは展開します。一方アメリカでは多くの心理学者は、単一の一般的知能という考えを受け入れませんでした。J・P・ギルフォードは、知能は多数の異なる種類の能力から成るもので、その多様な組み合わせによって百数十もの知性の型が形づくられると主張しました。レイモンド・キャッテルはスピアマンの一般知能というアイディアを認めましたが、ただその一般知能は「流動性知能」(論理的思考によって新たな問題を解決する能力)と「結晶性知能」(教育や経験から得た知識に基づいた能力)から成るものだと考えました。

あなたに音楽の才能があるとわかったとしても、他のことが得意になるかどうかについて私が正確に予言できる可能性はゼロだ。

ハワード・ガードナー

知能の多様性

後に心理学者たちは知能の定義をさらに広げようとします。たとえばロバート・スタンバーグは知能を問題解決のための情報処理能力とみなし、問題解決能力を3種類に分けて考えました。分析力は伝統的な知能テストをこなす能力、創造力は新たな問題を解決し物事を違った角度から見る能力、そして実践力は技術や知識を応用する能力です。ハワード・ガードナーは知能の多様性という考えをさらに発展させ、私たちがもっている「多重知能」はそれぞれが異なる能力分野で働く独立した知能システムだと説きました。彼は知能の7つのタイプを挙げています(前ページのイラスト)。独立しながら相互作用し合う諸領域での知能を測定できれば各人固有の能力が明らかに示され、一般的知能の測定による「特定の文化や人種が知的に優れている」などという誤った印象を払拭するのにも役立つでしょう。

脳の大きさと知能の間に相関関係があるとはいえない。アルバート・アインシュタインの脳は平均より軽かった。

スタートで先行しても……

1968年からミルウォーキーの恵まれない地域で行われた実験では、40人の新生児を2つのグループに分けた。第一のグループの子どもには就学前に質の高い教育や食事が与えられ、母親たちにも子育てや職業のための訓練を受けてもらった。学校に通い始めた当初、この子どもたちのIQは他の何もしてもらえなかった子どもたちよりも高かったが、第一のグループへの特別待遇が終わると、高かったIQは確実に下がり始めた。知能は環境次第であることがわかる。

どうしてそんなに

自分の経験したことで私たちは喜んだり、悲しんだり、おびえたり、怒ったりします。さまざまな感情は考え方に影響を与え、身体的な反応を引き起こすこともあります。感情的な反応を意識的にコントロールすることはある程度しかできません。感情の動き（情動）があまりに激しいと、それを隠したり、自分の行動を抑えたりすることも難しくなります。

参照:46–47, 94–95

感情が高ぶると……

私たちは成長の過程で周囲の人から感情を学ぶのであり、感情の反応は文化によって異なると、伝統的には信じられていました。最初にこの考え方に挑んだ一人チャールズ・ダーウィンは、顔の表情などの身体反応や行動は、どんな人種・文化でも同じ感情の動きに結びついていると主張しました。心理学者が後にこの説を確かめましたが、同時に不意の感情の動き(情動)は無意識のものであり、意識的に制御することはできないことも明らかにしました。オランダの心理学者ニコ・フライダは、「情動」は生活上の経験に対処するための自然の反応であると説明しました。この意図しない反応は内的な感覚であるだけなく、笑い・涙・赤面・顔つきなど自発的な身体反応も含んでいて、その表情で他の人は情動を感じとります。ただし私たちには意識的な感情というものもあり、これは情動について考えることから生まれるとフライダは説きました。情動とは違って、私たちはこういった感情ならコントロールできるし、他人に隠すこともできるといいます。

**情動は本質的に
無意識のプロセスだ。**

ニコ・フライダ

圧倒する情動

ポール・エクマンは、異なる文化圏での身体的な感情表現について研究しました。怒り・嫌悪・恐れ・喜び・悲しみ・驚き、という6つの基本的感情を特定します。フライダと同様に、これらの感情の動きは意識的なものではなく、私たちが気づく前に始まり制御

気分屋なの？

誰にも６つの基本的感情がある。

感情と表情
ポール・エクマンが特定した６つの基本的感情は、すべての文化圏で共通である。強い感情であるほど顔に出てしまい、隠すのは難しくなる。

> **情動は暴走する列車だ。**
>
> **ポール・エクマン**

は難しいと考えます。それどころかあまりに強力な感情は、人間の基本的な欲求さえ圧倒してしまうことがあります。たとえば、私たちは空腹でも何かに嫌悪を催すと食べられなくなりますし、悲しみが生きる意欲を打ち砕いてしまうことさえあるのです。また感情を隠すことの難しさにもエクマンは言及しています。私たちがなんとか平静な顔を保とうとしても、微細な表情やしぐさなどが内面の動揺を暴露してしまうのです。

どちらが先?

情動が意のままにならないという見解にはほとんどの学者が同意していますが、情動が身体反応や意識的な思考や行動とどう結びついているのか、という点をめぐっては議論が続いています。常識的には恐れという感情は、発汗・震え・動悸(どうき)といった生理反応や逃走などの行動より前に生じると私たちは考えています。ところが実際にはその逆で、何か恐ろしいものを見たときまず発汗や震えが始まり、その身体反応が恐れという感情を引き起こすのだと説明する学者もいます。またリチャード・ラザラスはある種の思考プロセス(自発的・無意識的なものも含む)が情動反応の前に状況を判断しているはずだと主張したのに対し、ロバート・ザイアンスは情動と思考プロセスはまったく別のもので情動反応が先に生じると反論しました。

女性は男性より他人の感情の動きを読みとるのがすばやく、正確である。

笑顔で幸せな気分に

顔の表情が私たちの気分に影響を与えると考える心理学者もいる。ある研究で、被験者は漫画を読みながら笑顔かしかめ面(つら)のどちらかの表情を保つように指示され、これはあくまで顔の筋肉を測定する実験だと教えられた。後で漫画について尋ねてみると、笑顔で読んでいた人たちはしかめ面の人たちより、同じ漫画をおもしろいと感じていたことがわかった。

何が動機になるのか？

私たちのふるまいには多くの理由があります。私たちの行動には目的があり、何かがその目的を達成するように促すのです。空腹だから食べる、というように欲求がわかりやすい場合もありますし、得られる報酬のためにいろいろなことをする場合もあります。しかし私たちを動機づける欲求や報酬はいつもはっきりしているわけではありません。

意志の力を行使するには努力が必要だ。疲れているときに誘惑に負けやすいのはそのためだ。

あなたを駆り立てる力

呼吸をする、食べる、飲む、住まいを見つける、危険から身を守る……など、生き延びるためにすべきことはたくさんあります。生存の条件を整えることは多くの行動の基本的な理由であり、生理的な欲求が私たちに多くの行動を促します。私たちはこういった欲求を、駆り立てる力、つまり何かをするための「動因」として経験しています。たとえば空腹という動因が、食糧を探し食べる行為へと駆り立てるのです。クラーク・ハルによると、人間のあらゆる行動は、飢えと渇きという動因・休息と活動の欲求・生殖への衝動に応えようとする試みの結果ということになります。他の心理学者はさらに、内的な駆動力は生理的な満足を超えるもので、私たちには物事をなすように駆り立てる別の欲求があると説きます。たとえば私たちには精神の健康への欲求や、他者からの尊敬・親しみ・愛情を求める欲求を満たす必要もあるはずです。だから心理学では、生理的欲求と私たちの行動に影響を及ぼす心理的な動因とを区別する必要が出てきます。

参照：26–27, 102–103

> **人はなれるものには、ならねばならない。**
>
> **エイブラハム・マズロー**

「ごほうび」は万能か？

報酬が、必ずしもやる気につながらない可能性もある。ある研究で、絵を描いて遊んでいる子どもたちの何人かに、報酬を与えた。ところがその後、その子たちは何も与えられない子のようには絵を描かなくなってしまう。その子たちが描くのはもともと楽しみのためだった。つまり小遣いとか称賛とか外からの「ごほうび」ではなく、描くこと自体の楽しさが報酬だった。外からの報酬が、楽しい遊びを仕事に変えてしまうこともある。

報酬の意味

こういった力の影響を認めながら、私たちを動機づけるのは快楽を求め苦痛を避けようとする「快楽原則」だ、と指摘する立場もあります。これはフロイトによる精神分析理論の考え方ですが、B・F・スキナーに代表される行動主義の学者も、行動を動機づけるのはある種の報酬あるいは不快の回避だと考えました。ものを食べるのは空腹を満足させるためだけではなく、食事が楽しいからであり、空腹の苦痛が不快だからというわけです。報酬という概念は、生理的な満足には直接つながらないことをする動機づけの説明になります。たとえば子どもが遊びを通して学習するのは事実ですが、学ぶという動機があるのではなく、楽しいから遊ぶのです。大人もまた形のある報酬がなくても、趣味やスポーツなどさまざまなことに精を出します。過度の運動や飲酒など実際には健康に害を及ぼすことでも、好きだからということでやり続ける人もいるくらいです。仕事でさえ、食事や住まいのために稼ぐことが主な動機であるように見えて、実は達成感、尊敬、力への欲求を満たすことが喜びだという人はいるでしょう。

欲求の階層

もちろん食物や水や空気などの生理的な必要は、問題解決の心理的必要や人との絆(きずな)を求める社会的欲求より重要です。さまざまな種類の欲求を、エイブラハム・マズローに従って、必要性の順に配置することも可能です。マズローによる「欲求の階層」は、基礎となる生理的欲求を土台にしたピラミッド型の図でよく紹介されます。生理的欲求の上に安全欲求・愛情欲求・自尊欲求の層が重なり、最高位を占めるのは生存にとって必須とはいえない自己実現(自分ならではの可能性の達成)と自己超克(自分を超えたものへの献身)の欲求になります。人間としての生を全うするためには、あらゆる層の欲求を満たさなくてはならない、とマズローは考えました。

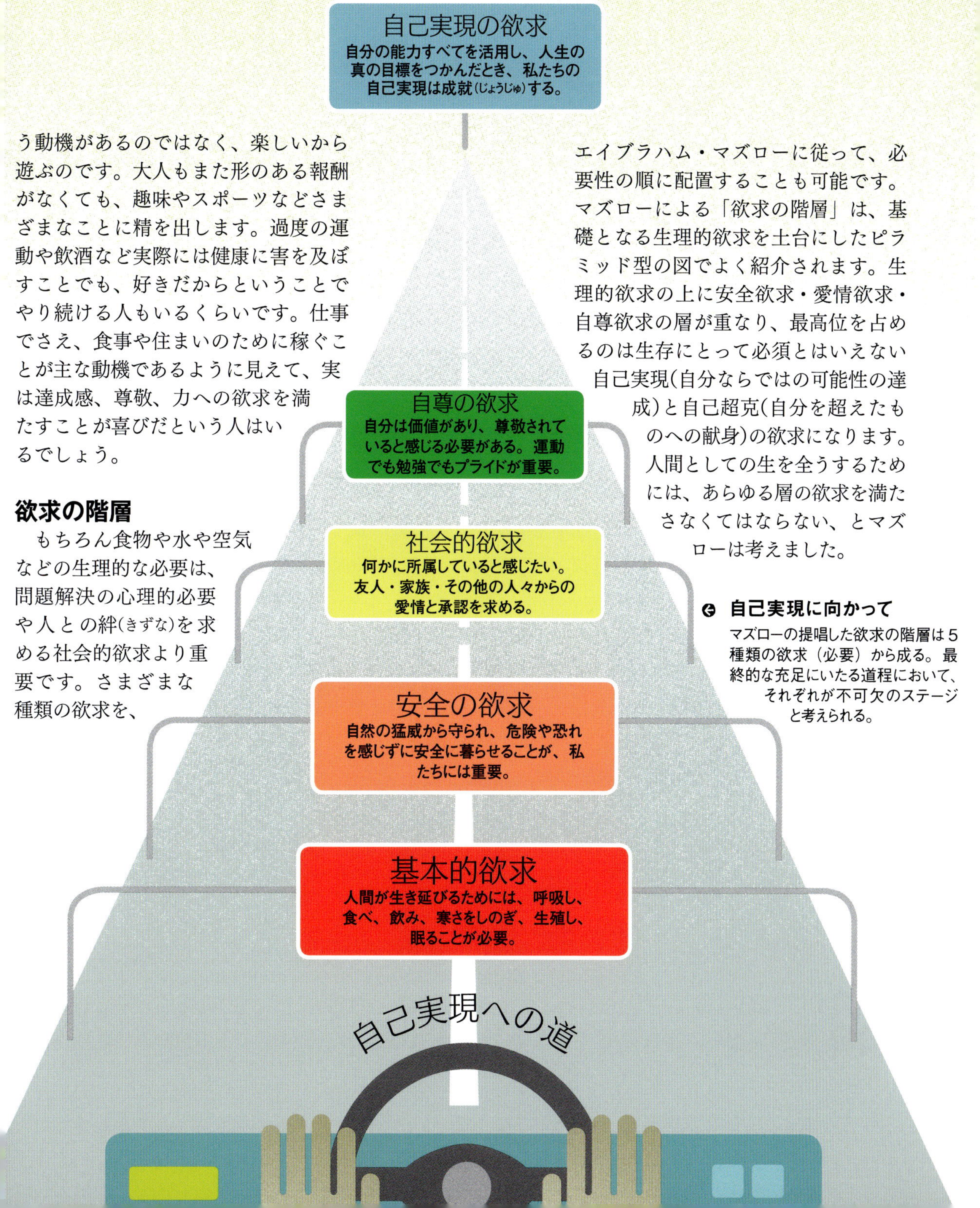
自己実現の欲求
自分の能力すべてを活用し、人生の真の目標をつかんだとき、私たちの自己実現は成就(じょうじゅ)する。
自尊の欲求
自分は価値があり、尊敬されていると感じる必要がある。運動でも勉強でもプライドが重要。
社会的欲求
何かに所属していると感じたい。友人・家族・その他の人々からの愛情と承認を求める。
安全の欲求
自然の猛威から守られ、危険や恐れを感じずに安全に暮らせることが、私たちには重要。
基本的欲求
人間が生き延びるためには、呼吸し、食べ、飲み、寒さをしのぎ、生殖し、眠ることが必要。
自己実現への道

自己実現に向かって
マズローの提唱した欲求の階層は５種類の欲求（必要）から成る。最終的な充足にいたる道程において、それぞれが不可欠のステージと考えられる。

人格は変わるか？

悔しくてしかたがない…
あいつの枝は僕のよりよさそうだ…
僕にも明るい面がある…
ブルーな気分…

私たちの人格は
出会う状況に
適応していく。

人格というと、ふつう私たちが考えるのは人々がどんな人間であるのかとか、ふだんどんなふうにふるまっているのか、といったことです。しかしそれはその人がもって生まれた人格と同じものなのでしょうか。成長の過程で形成されたもので、今後も変わり続けるのでしょうか。それとも私たちには、状況の違いに応じて異なった面を見せる人格というものがあるのでしょうか。

参照：86–87, 94–95

発達する人格

２つの主要な人格理論——ハンス・アイゼンクによる基本的な型の理論とゴードン・オルポートによる特性理論が、人格のうちどの程度が生まれつきでどの程度が環境に左右されるのかについて、異なった考え方を提唱しています。アイゼンクの理論は、人格はおおむね遺伝的に決められたもので、ある程度固定し変化しない部分があるとも読み取れます。これに対しオルポートの理論は、人格は時の経過とともに状況に応じて変化することを認めています。この見解をさらに進めて、私たちは個人としての成長に向けて自分の可能性を充足させるために、人格を変えることができると言う学者もいます。今日ではほとんどの心理学者は、遺伝と環境の両方が人格形成に重要な役割を果たし、人格は人生の各段階を通じて発達していくと考えています。

状況に応じて

何が人格を決定するのか、また人格は時の経過とともにどの程度変わるのか、という点では立場の異なる諸説も、おかれた状況に関わりなく人にはふるまい方の基本的傾向があるという点ではおおむね一致しています。ところがウォルター・ミッシェルはこの見方に異議を唱えました。性格特性は行動予測には必ずしも役に立たないのが現実であり、さまざまな状況での人のふるまい方にはそもそも一貫性があまりないことにミッシェルは気づきます。そして比較的変わらない特性ではなく、むしろさまざまな状況でのふるまい方の中に人格の証拠は見いだせると考えました。要するに私たちは他人の人格というものを、その人がもっていると主張する特性ではなく、その人の行動から推し測っているのです。このアプローチは状況主義として知られています。たとえば、本人自身を含めてみんながもの静かで穏やかな性格だと思っていた人物が、大勢の前で話さなくてはならない場面ではとても神経質になり、競技会のような状況では攻撃的な面を見せることがあります。こういう特性のすべてが彼の人格の一部を形づくっていますが、それらは特別の状況でしか表れません。状況の変化に応じて私たちの行動も変化し、人格の違った面をあらわにしていくのです。そして私たちの行動に最も頻繁に色濃く表れる特性も状況とともに変わっていき、人格の変化として表現されることになります。

環境のもたらすきっかけを抜きにした行動など、ばかげた混沌(こんとん)でしかないだろう。

ウォルター・ミッシェル

人格を安定し固まったもの、あるいは変化しないものとみなすどんな理論も、誤りである。

ゴードン・オルポート

あなたの脳は１秒もかからずに、人の魅力・能力・攻撃性などを判断する。

行動が明らかにする人格

型や特性に関する伝統的な考え方を、状況主義の立場からひっくり返したともいえるミッシェルの見解を、すべての心理学者が認めているわけではありません。しかし状況の違いに応じた行動と人格を構成する特性との間には、相互作用があるという証拠を彼は提供しました。そして人格の研究は、行動の予測に人格をどう利用するかという観点から、行動が人格をどう表現するのかという視点へ転換していったのです。

３つの顔

後に『イブの三つの顔』という映画にもなった、ある女性の有名な症例がある。この女性には几帳面(きちょうめん)な人格と野性的で無責任な人格という２つの異なる人格が同居し、分裂した生活を送っているようだった。治療によって表れた彼女の第三の人格は、他の２つの人格を認識し、その両極端な傾向をうまく中和することができた。

落ちこむ

折にふれ、誰もが不幸な気分になります。身近な人の死、あるいは何かちょっとした失望程度のことでも、気持ちが落ち込むことがあります。ふつうは時の経過とともにそれを乗り越えていきますが、時には悲しみが他を圧倒してしまうほど大きくなります。不幸と抑うつとの間に実際に違いはあるのでしょうか。

悲しみと抑うつ

悪いことが起これば、悲しい気分になるのは自然なことです。しかし悲しみがその原因になったことと不釣合いに大きく、悪い気分が執拗(しつょう)に続くとき、私たちはその状態を抑うつ症という障害と考えます。この状態を引き起こすのは、外部の出来事というよりむしろ内部の何かであって、それは神経あるいは心理の問題であると言って差し支えないでしょう。しかし悲しみとうつ状態の境界は明確なものではありません。アーロン・ベックは、「ベック抑うつ調査表」と呼ばれる検査法を考案しました。これは人の不幸やマイナス感情の程度を測るものさしです。精神科医にも本格的なうつ病かどうかを見きわめる基準があり、そこには落ちこんだ気分の継続や日常活動での興味や楽しさの欠落といった症状が含まれています。

**他人の存在や自分のしたことが
私たちを動揺させるのではない。
むしろそういうものが私たちを
動揺させると信じこむことで、
自ら自分自身を
動揺させているのである。**
アルバート・エリス

自分を責める

精神科医にはうつ病というものを、抗うつ薬で治療すべき脳の不調が関わる疾患と捉える傾向があるようです。これに対し心理学者はほとんどの場合、うつ症状の原因を生理的なものではなくて心理的なものと考えます。この見解をとった最初の学者の一人アルバート・エリスは、20世紀の中頃に、嫌な出来事そのものというよりその出来事に対する本人の不合理な反応によって、不幸は抑うつ症に変抑うつ状態のときに買い物をすると、思わぬ散財をしてしまうことがある。気分を晴らそうとするわけだ。

化すると説きました。この考え方を発展させたアーロン・ベックは、世界を非現実的なほど悲観的に見ることが抑うつ症につながると主張しました。後にマーティン・セリグマンは、こういう姿勢を「学習性無力感」の一形態だと説明します。つまり悪い出来事によって、自分に起こることをコントロールできないという無力感が植え付けられてしまうのです。セリグマンはさらに、悪い結果の解釈の仕方が意気消沈やうつ状態を生み出すのだと訴えます。たとえば自分に向かってこんなふうに言うことがあるでしょう——「私はばかだ」「いつもへまをする」「私は何もかもまちがっている」。ドロシー・ロウは、自責の念も大きな役割を演じると言います。生活の中で起こる悪いことや悲しい結果を自分のせいだと考え、自分の内に罪の意識を覚える人の場合、不幸は抑うつ症に変わりやすいのです。

悲しみは正常な感情

さらに徹底した見解として、抑うつ状態は障害や疾患などではなく、不幸の非常に深刻な一形態にすぎないという捉え方があります。ロロ・メイは、苦しみや悲しみは人生の避けられない一部、人間としての本質的な部分であると考えました。とすると、私たちは苦しみや悲しみを治療が必要な疾患や障害とみるのではなく、正常で自然な感情として受け入れるべきなのです。実際にメイは、そういった感情の経験こそ私たちの心理的成長と発達に欠かせないと訴えています。また抑うつ症は、幸せであることが正常だという西洋人の考え方から生まれた西洋社会独特の問題だ、と指摘する心理学者もいます。いつも幸せでいたいという期待は、たぶん非現実的なものなのでしょう。この期待のせいで、逆に私たちは不幸であることに不安と罪悪感を覚えてしまい、ついには抑うつ症と呼ばれるような状態にまで落ちこんでしまうのかもしれません。

参照：110–111, 112–113

身に降りかかった災厄は私自身のせいだとして自分を責める……これだけで、悲しみを抑うつに変えるには十分だ。

ドロシー・ロウ

落ちこんではいられない……

人生の明るい面に目を向けなくては！

情動を感知する

抑うつ状態にある人は、人の感情を感じとる能力が普通より高い可能性がある。カナダのクイーンズ大学の学生たちは、人の目を写した写真を見て写っている人の抱いている感情がわかるかどうか尋ねられた。うつ状態にある学生たちはそうでない学生よりも明らかに見抜く能力が高く、ネガティブな感情だけでなく前向きの感情もよく感じとることができた。

依存症

脳の働きに影響を及ぼす薬は数多くあります。精神に作用する薬物はふつう医師が処方しますが、多くの人がなんらかの形で摂取しているカフェインのように、私たちが自分で気晴らしや好みで用いているものも結構あります。いつのまにか常用するようになり、それなしで暮らしていくのが困難になってしまうことも少なくありません。

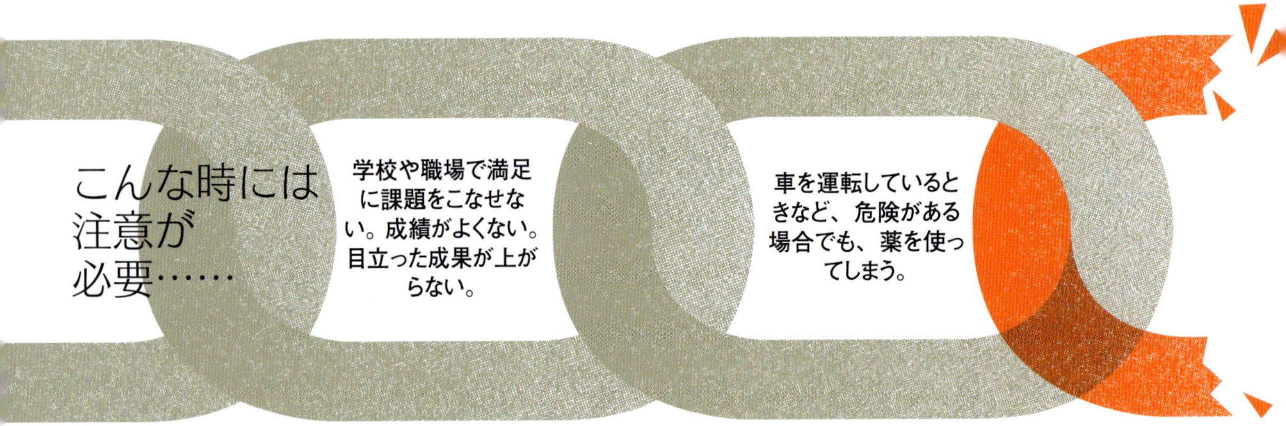
こんな時には注意が必要……
学校や職場で満足に課題をこなせない。成績がよくない。目立った成果が上がらない。
車を運転しているときなど、危険がある場合でも、薬を使ってしまう。

薬物の乱用を治療せずに放置していると、心臓病と糖尿病とがんを併発した場合以上に費用がかさむ。

意識の変化

精神に作用する薬(向精神薬)は、気晴らしに用いられるものも含め、脳や神経システムにおける信号の伝わり方を変化させることで意識に影響を及ぼす物質だといえます。私たちの気分や知覚に変化をもたらすこともあり、それが好みや気晴らしで薬物を使用する主な理由になっているようです。薬物の種類によって、意識への影響もさまざまです。たとえばコカインを含む興奮薬を服用すると、知覚が敏感になり自己高揚感などが生じることがあります。反対にアルコールのように抑制効果のあるものは、心と体にゆったりとした感覚をもたらします。ヘロインやモルヒネを含むアヘン剤も鎮静効果があり、ある種の快感をもたらすといわれますが、LSDなどの幻覚剤は精神に劇的に作用し、正常な知覚や思考プロセスをゆがめてしまいます。

「中毒」とは文化的条件によって決めつけられる汚名のようなものだ。

トマス・サス

薬物の乱用

精神に作用する薬の多くは医療用以外では禁じられていますが、カフェイン・ニコチン・アルコールなどのようにほとんどの地域で合法的であるばかりか、社会的に十分受け入れられているものもあります。ある状態を「中毒」とみなす捉え方に強い影響を与えているのは、社会の態度でしょう。「〜常用者」というような言葉は、社会が許容しない薬物の使用者に対するレッテル貼りにすぎない、とトマス・サスは指摘しています。インターネットや仕事などへの耽溺(たんでき)に「中毒」という言い方が使われることもあります。ただ中毒と言ってしまうと病気の一種のような感じがして、薬物使用に対する責任というものが曖昧になりかねません。多くの心理学者は、薬物依存とか乱用という表現を好むようです。「乱用」を正確に定義することは難しいですが、一般的には薬物の使用が(本人や他者にとって)ある種のリスクになるときに、乱用と考えられます。ただしどんな薬にも、たとえ一回だけの服用でも、リスクの可能性があることを忘れてはいけません。

心を薬物で膨らませると、あなたは本当に心を破裂させてしまうだろう。

スーザン・グリーンフィールド

依存症

使用を止められなくなる依存症は、生理的にも心理的にも起こりうる症状です。ニコチンなどの常用者は生理的に依存するようになり、その使用を止めると、頭痛・吐き気など不快な禁断症状に悩まされます。そこまでの生理的依存症を引き起こさない薬物でも、摂取が習慣化すると心理的に依存してしまうケースは後を絶ちません。以前は依存症はある種の病気だとみなされていたのですが、やがて薬物自体の生理的作用に加えて、交友関係や家族的背景などの社会的・心理的要因も深く関わっていることが明らかになりました。

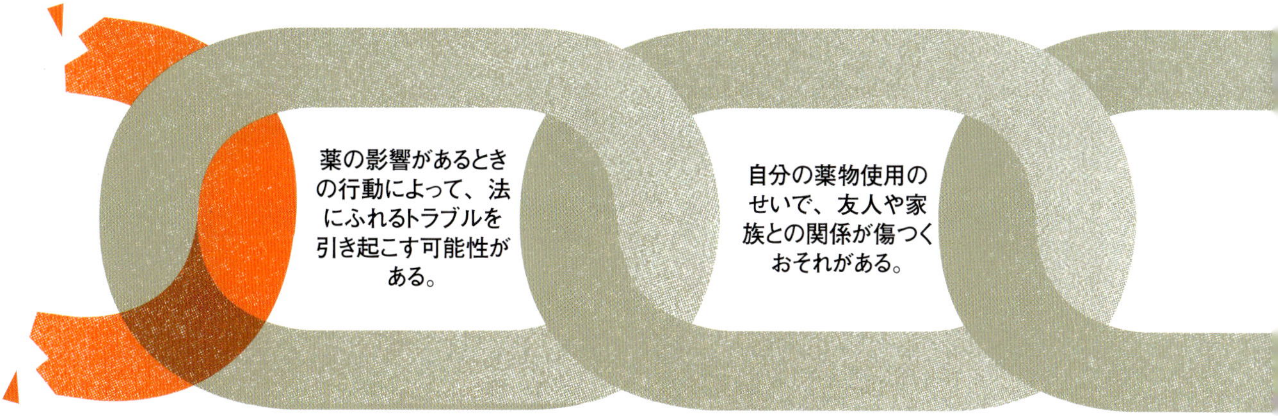
薬の影響があるときの行動によって、法にふれるトラブルを引き起こす可能性がある。
自分の薬物使用のせいで、友人や家族との関係が傷つくおそれがある。

代替物

最近まで、薬物に依存している人は食べ物より薬物を優先して選ぶと思われていた。ところがあるヘロイン依存のネズミを使った研究で、違う結果が示された。ヘロインと同時に餌を差し出したところ、そのネズミは餌のほうを選んだのだ。この事実は、たとえ生理的に薬物依存の状態にある人でも、薬に代わる何かを見つけられる可能性があることを示唆している。

ジグムント・フロイト

1856–1939

ジグムント・フロイトはモラヴィア（現在のチェコ共和国の一部）のフライベルクで生まれ、４歳のときに家族とともにオーストリアのウィーンに移り、そこで生涯のほとんどを過ごしました。ウィーンで医学と哲学を学び、後に抑うつ症などを含む神経症の治療のため精神分析の手法を編み出しました。その理論の多くは不信を買い議論を呼びましたが、フロイトの仕事は精神療法に大きな影響を与えてきました。

催眠と「談話療法」

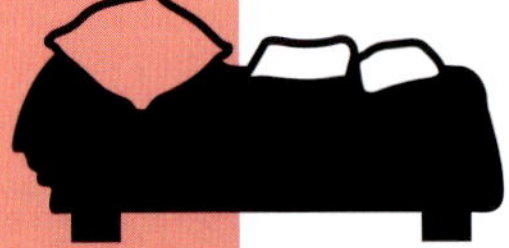

フロイトは精神科医として働いた後、パリで催眠によるヒステリー治療を研究していた神経学者ジャン＝マルタン・シャルコーのもとで学んだ。ウィーンに戻ると、友人のヨセフ・ブロイアーとともに診療所を開業する。そこで催眠状態の患者に自分の問題を語ってもらうという療法を実践すると、これが症状の改善に有効であることに気づいた。その後フロイトは、催眠に頼ることなく患者が自由に語ることを柱として、精神分析と呼ばれる療法を確立した。

氷山の一角

フロイトの理論によれば、意識は氷山の一角にすぎない。氷山の大部分が水面下に隠れているように、私たちの心にはふだんは気づかないずっと大きな無意識というものが隠れている。通常は抑圧されているが無意識の中に潜んでいるものがあり、これが原因となって多くの心理的問題が引き起こされるのだから、精神分析を通じて隠れているものをつきとめれば神経症は治療できる、とフロイトは考えた。

フロイトには６人の弟・妹がいたが、彼は母のお気に入りの息子だった。母は彼のことを「黄金のジギー」と呼んでかわいがった。

夢分析

患者の無意識の奥底に埋もれた思いや感情に近づくために、フロイトはさまざまな手法を利用した。語りによる療法という考えを実践していく上で、心に思い浮かぶことをなんでも話すように患者を促したが、これは自由連想法と呼ばれている。彼はまたどんな夢を見たかを語るように患者に求めた。夢は無意識の中で起こっていることを見抜くための鍵になると考えたからである。

「**夢の解釈**は、
心の**無意識の働き**を
知るための王道である。」

ナチスを逃れて

フロイトは精神分析理論の講演をして各地を旅したが、ウィーンを自分の故郷と考えていた。ヒトラーが 1930 年代に政権を握ると、ユダヤ人であるフロイトにはナチスによる迫害の危険が迫った。当時多くのユダヤ人が英国や米国へ逃れたが、フロイトはなかなかウィーンを離れようとしなかった。1938 年になってようやくウィーンにとどまることの危険に気づき、オリエント急行でロンドンに向かった。

正常とは?

どんな人間にも個性があります。肉体的な違いに加えて、私たちには性格や知能といった心理学的な個人的特徴があり、それによって他人との違いが明確になっています。しかし大多数の人間に共通な部分があるのも事実で、ふつう私たちが「正常だ」と考えるのはその共通な部分のことです。

私たちには規範からはずれたものを拒絶する傾向がある。

参照:106–107, 112–113

何が異常なのか?

「正常」の意味するところを正確に定義することは容易ではありません。ある文化では普通だと思われていることが別の文化では奇異に感じられることはよくありますし、何が正常かという考えは個人によっても違います。手がかりとして、「異常」の意味を考えてみるのも一つの方法でしょう。異常な行動とは、単純に言えば大多数の人々とは異なるふるまいだと考えられますが、「異常」という言葉には何か望ましくない、あるいは容認しがたいという意味も含まれているようです。たとえば特殊な才能をもった人は、普通は「異常な人」ではなく、例外的な存在とみなされるでしょう。誰かを異常だと判断するとき、その人があるべき状態にないと考えているはずです。肉体的な健康についてのイメージがあるように、私たちは精神の健康というイメージからはずれた人には精神的障害か疾患があると判断しがちです。私たちがそういう人を異質な存在とみなすため、しばしば精神障害には「恥の烙印(らくいん)」が付随することにもなるのです。

精神異常の性質を理解することは医者の務めだ。

エミール・クレペリン

精神疾患の分類

中世の人々は異常な行動は魔力によるものだと信じていましたが、科学の進歩とともにそういった行動はある種の病気だとみなされるようになりました。19 世紀には精神医学が登場し、精神病の治療が提供されるようになります。(ただし現代の心理学者は精神病というより、心的障害と考えるのを好

あらさがし
私たちは日常生活のさまざまな場面で「正常」にこだわり、「異常」と思われるものを避けようする傾向がある。ニンジンを買うときでさえ、自然に形のいいものを選ぼうとする。

むようです。）精神医学の開拓者エミール・クレペリンは、精神疾患も他の病気と同様に生理的な原因に由来すると考えました。彼は2つのタイプの精神疾患を特定します。まず今日では気分障害あるいは情動障害として知られている躁うつ病で、これは外的条件によるものであるため治療可能な疾患、もう一つは今日の統合失調症にあたる「早発性痴呆症」で、こちらは脳内の生理的障害が原因であるため治療できない、というものでした。クレペリンの分類はこの種の試みとしては最初のものであり、世界保健機関の国際疾病分類やアメリカ精神医学会による精神疾患診断・統計マニュアルなど、現代の分類体系の土台となったといえるでしょう。どちらのリストにも脳の病気や損傷による障害、統合失調症、薬物乱用による障害、気分障害、不安障害、人格・行動の障害、摂食・睡眠の障害が含まれています。

かつて人間は「魔女」という存在をつくり上げた。現在は「精神病患者」をこしらえている。
トマス・サス

生きていく上での問題

「異常な」行動を治療が必要な精神状態と結びつけることに、すべての心理学者が賛成しているわけではありません。批判者としてはトマス・サスが挙げられます。脳の損傷など身体的原因がない限り、精神的障害は病気ではなく「生活上の問題」と捉えるべきだとサスは考えます。それは人間関係の破綻や肉親の死など、普通の人々が日々の生活で対処しなくてはならないことから引き起こされる問題だ、というのです。抑うつや不安を含め心理学者が心的障害とみなす症状の多くは、実際には正常な人間生活の一部にすぎない、というのがサスの見解です。この考え方は極端に感じられますが、ほとんどの精神科医や心理学者は、身体的原因による器質性精神障害とサスが「生活上の問題」だとする機能性障害には違いがあることは認めています。

中世の人々は、異常なふるまいをする人には悪魔がとりついていると考えていた。

どこか狂っている?

「狂気」という言葉は、「正気でない」と私たちが感じるような行動を指してよく使われてきました。今日ではこのような言い方は単に無用で差別的であるばかりでなく、非科学的だと考えられています。伝統的に「狂気」と考えられてきたものは、現在ではさまざまな精神疾患に分類されるか、あるいは予想困難な行動とみなされるようになっています。

狂気それとも病気?

歴史上かなり長い期間、極端に異常な行動を示す人は「正気を失った」とか「気がふれた」などと決めつけられ、「正常な」人々とは異なる存在と見られてきました。しかし19世紀になるとこうした捉え方に変化が生じ、新しい科学としての精神医学がこの「正気でない」行動を精神病あるいは精神の不調の表れとみなすようになります。また、ただ一種類の「狂気」があるのではなく、症状も深刻さの程度も多様な多種類の精神的障害があることも精神科医の認めるところとなります。予測不可能なふるまいや不可解な行動は、心の異常という意味での精神病の表れとみなされるようになり、その最も深刻な形が現在「統合失調症」として知られています。初期の精神科医は、

きわどいことに挑む

他の人から見れば「狂気の沙汰」ともいえるようなことを、私たちは結構やりたがる。だがスカイダイビングのようなことを楽しむ人がおかしいとはいえない。そういう人は単に標準からはずれたことをしているにすぎない。

ばかげたことをする人が、必ずしも狂っているわけではない。

ある種の状況では、私たち「正常な」成人もかなりの割合であまり好ましいとはいえない行為に及んでしまう。

エリオット・アロンソン

この障害は脳の生理的問題が原因であり、偏執・幻覚・妄想・行動や言語の混乱などはっきりした症状を伴う治癒不能な病だと信じていました。

狂気の沙汰

もちろん異常な行動がすべて統合失調症によるわけではありません。別の範囲の精神状態として、うつ症状などの気分障害、人格障害、さらに不安障害や恐怖症などが挙げられます。こうしたさまざまな精神障害がわかってくると、人々の見方に変化が生まれ、以前なら狂気と決めつけられたケースでも、ある種の精神異常の症状に苦しめられているとみなされるようになります。エリオット・アロンソンはこの見方の変化をさらに一歩進め、狂ったことをする人が狂っているとは必ずしも言えないと主張しました。異常に見える行動も何かの精神異常によるのではなく、普通とは違った反応をせざるをえないような環境要因による場合が多いと、アロンソンは言います。悲劇的事件や犯罪など極端な状況に直面したとき、正気でないような行動をとることはよくあります。だから誰かを見て「気が狂った」とか「正気でない」とか「精神病だ」とか決めつける前に、その人のふるまいの理由をよく理解することが重要なのです。

狂気と正気の間に明確な境界はない

アロンソンは不可解な行動が常に精神障害の証拠とは限らないことを示しましたが、この考え方をさらに進めて、精神病という概念そのものを否定して論争を呼んだ心理学者もいます。トマス・サスによると、身体的原因がある場合を除けば、精神障害といわれるものは肉親の死など生活上の出来事に対するバランスを欠いた反応にすぎない、ということになります。なかには、精神障害を医学的治療が必要な症状としてみるべきではないという議論すらあります。

この「反精神医学運動」の最前線にいるといわれるR・D・レインは、統合失調症のような症状さえも病気というより、社会規範に合わない行動をとる者への社会からのレッテル貼りだと感じていました。レインにとって精神病というようなものは存在せず、私たちには狂気と正気の区別はできないというのです。極端な見解ともいえますが、レインはリチャード・ベントールのような心理学者に影響を与えました。ベントールは精神病と健康な状態の境界は明確でなく、統合失調症のいくつかの形態は純粋に生理学的な疾患というより心理学的障害と考えるべきだ、と主張しています。

社会は正常な人間に高い価値をおく……だが過去50年の間に、正常な人間たちはおそらく1億人ほどの正常な仲間を殺してきた。

R・D・レイン

18世紀には、中毒と同様に狂気の治療にも冷水浴が有効だと信じられていた。

参照：104–105, 112–113

頭がおかしくなるほど幸せ！

1992年にリチャード・ベントールは、幸福感もある意味では精神的不調の一種と考えられると唱えた。からかい半分の皮肉のようにも聞こえるが、ここには重要なメッセージが含まれている。幸福感に包まれるというのは統計的には異常な事態であるし、うれしいと無頓着になったり衝動的になったり普通でない行動をとるというのは、他の精神疾患にみられる症状と同様だとも考えられる。

根っからの**悪人**って

まちがっているとわかっていながらよくないことをしてしまうことは誰でもままあるものですが、普通の人以上に罪を犯しやすい傾向をもつ人というのも確かに存在するようです。小さな犯罪を繰り返す常習犯もいれば、冷酷で暴力的な行為をやめられない凶悪犯もいます。こういった行為の多くは「悪意」のあるものとされ、罪を犯した者は「悪人」あるいは「精神を病んだ者」というレッテルを貼られます。

「サイコパス」といわれる精神病質の犯罪者は、自分の行為が他人にどれほど悲惨な結果を及ぼそうと、そんなことには驚くほど無関心な態度しか示さない。

ロバート・D・ヘア

邪悪な行為

どんな行為によって人は「悪人」とされるのでしょうか。まちがった行動と考えるべきものは社会が決め、犯罪と呼ばれます。その中には小さな罪も含まれますが、凶悪な行為とみなされるのは一般的には、殺人・レイプ・暴行などの重大な犯罪です。しかしそのような罪を犯した者を悪人と決めつけるのは正しいのでしょうか。善良な人だって極端な状況では人を傷つける可能性はあります。正当防衛で人の命を奪うこともありえないことではないでしょう。ある人々が冷酷で粗暴な犯罪を繰り返すというのは事実です。単純に悪人と決めつけるよりも、そういう人は本当に邪悪な行為を選んでいるのかどうか、その人の中に犯罪行為へと駆り立てるある種の人格・異常性・病気というものが存在するのかどうか……、そういう問いかけからこの問題を考える心理学者もいます。

参照:112-113, 122-123

罪の意識によって、身体的潔癖を求める傾向が生まれることがある。「マクベス夫人の手洗い」と呼ばれる現象だ。

犯罪者のプロファイリング

新しい犯罪捜査に関わる心理学によって、警察が利用できる情報が提供されている。心理学が犯罪捜査で果たす重要な役割にプロファイリングという犯人像の推定がある。犯行に関わる証拠を吟味して犯人の人格や動機を推理し、容疑者の候補の範囲をしぼっていく。

人格障害

犯罪者の年齢・性別・知能・社会的背景などを統計的に分析し、どんな要因が常習的な犯罪に関わるのかを調べる試みが、続けられてきました。社会的背景が一定の役割を果たすのは事実ですが、多くの学者は人格の方が重要性が高いと考えています。暴力的犯罪はときに精神病質と呼ばれてきた人格障害から生み出されるものであり、これを反社会性人格障害(APD)とロバート・D・ヘアは名づけました。ヘアはAPDを特徴づけるいくつかの人格特性を明らかにし、障害を見分けるためのチェックリストを考案しました。このリストは、まず自己中心性・人をだます傾向・自責の念や罪悪感の欠如

いる？

暗黒面 ➔

悪を行う人には、精神病質という人格障害がもともと備わっていると考える心理学者もいる。精神病質者は共感の能力を欠くため、平気で他者を傷つける傾向がある。

あなたにも悪の潜む
暗黒面があるのでは？

などの性質を特定し、さらに他人を利用する形での依存など不安定で反社会的なライフスタイルを見きわめます。最近の研究では反社会性人格障害と、脳にみられるある種の異常性との相関も指摘されていますが、証明されたわけではありません。環境要因も大きく関与していることは言うまでもないでしょう。

治療と懲罰

犯罪者への対応としては罰を与えること、通常は刑務所への収容が基本になります。罪を繰り返さないように心理学的治療を受けさせる場合もあります。こういう対処がうまくいく人々がいる一方、APD が顕著な人の多くは収監や心理療法では変わらないという結果も出ているようです。

APD については多くの議論があり、誰かを精神病質と特定することはなんの助けにもならないと考える学者もいます。ヘアのチェックリストについても批判があります。APD の傾向が強いとされた個人でも単に責任感が薄く、衝動的で感情にとらわれないというだけで、必ずしも犯罪には関わらない人はいるでしょう。APD の傾向をもつ人が犯罪には走らず、いじめの先頭に立ったり、独裁的な権力者や軍の指導者になることさえあるかもしれません。

話すことの効用

歴史を通じて、人間は不安や抑うつといった悩ましい問題に対処する方法を探し求めてきました。こういう問題は以前は心的障害とはみなされなかったのですが、19 世紀になると障害の原因を理解すれば症状を軽減できるという考えから、心理療法が進化し始めました。

人は自分自身のコンプレックスを取り除こうと骨を折るべきではなく、コンプレックスとの調和をはかるべきである。

ジグムント・フロイト

「語る」という療法

心の障害の原因を探る治療を開拓したのはジグムント・フロイトです。フロイトは、ヒステリー症状を示す患者を催眠を用いて治療する神経学者ジャン＝マルタン・シャルコーのもとで学んでいました。患者の多くは強いストレス症状を示す女性でした。その後、医師のヨセフ・ブロイアーと協力して、催眠状態の患者に自分の症状について語らせる療法の研究を続けます。なかでもアンナ・O と呼ばれる患者の症例は目をみはるもので、過去の衝撃的な出来事の記憶を呼び覚ますことによって症状が劇的に改善したのです。この「語りによる治癒」を契機として、患者に自分の考えや記憶や夢について自由に語らせることで不安や抑うつなどの神経症状は軽減できると、フロイトたちは信じるようになります。私たちが不快な記憶や傷ついた記憶を忘れようとしても、本当に忘れ去ることはできない、という理論をフロイトは編み出します。記憶は抑圧され、心の奥深い無意識の底に埋め込まれるのです。また、私たちが意識的に考えること(心の中の自我と呼ばれる部分)、本能的衝動や生理的欲求の源(「イド〔エス〕」と呼ばれる無意識の部分)、そして正しいこと・まちがったことを教えられて内面に育まれた「良心」(超自我と呼ばれる部分)――これらの間で葛藤が繰り広げられているとフロイトは説きました。

参照:102–103

精神分析

無意識の中に抑圧された記憶や葛藤を分析することで、患者は心の問題を理解し克服できるとフロイトは考えました。

このやり方は「精神分析」と呼ばれ、不安や

ジグムント・フロイトの末の娘アンナも有名な精神分析家で、父の無意識理論を発展させた。

無意識の解放

語ることこそ心の不調をいやす最良の方法だと、フロイトは信じていた。隠れた思いや夢を治療者に打ち明けることで、患者は抑圧してきた記憶を解き放ち、苦痛を和らげることができる。

抑うつ症の治療法としてすぐに広まりました。フロイトの方法を受け継いだ後輩たちは、無意識についての理論に新しいアイディアを盛り込んでいきます。たとえばアルフレッド・アドラーは劣等感(コンプレックス)が心の健康に与える影響を力説しました。カール・ユングは夢やシンボルの解釈に注目し、個人の無意識に加えて私たちすべてに共通する「集合的無意識」というアイディアを提唱しました。

真実に対して寛容になれるのは、自分でそれを発見した場合だけだ。

フリッツ・パールズ

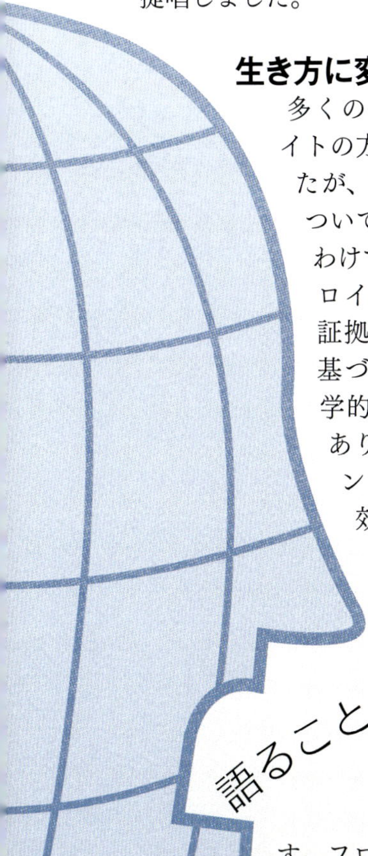

生き方に変化をもたらす

多くの心理療法家がフロイトの方法を採り入れましたが、皆がその無意識についての理論に同意したわけではありません。フロイトの理論は確かな証拠よりむしろ推測に基づいたもので、非科学的だという考え方もあり、ハンス・アイゼンクは精神分析の有効性そのものに疑問を投げかけています。フロイトの主張には不賛成ながら語りによる療法の優れた点を認める人は多く、無意識を分析しようと努力するよりむしろ患者に生活のすべてを語らせるほうが有益だと考える療法家もいます。そういった心理療法の選択肢の一つとして、1940年代・50年代にフリッツ・パールズ、ローラ・パールズ夫妻とポール・グッドマンによって確立されたゲシュタルト療法があります。ゲシュタルト療法は過去よりも現在を重視し、生き方に変化を生み出す方法を議論するためにセラピストとの関係を築きあげることに力を注ぎます。現代の心理療法はフロイトの精神分析とはかなり違ったものに進化した面があるにしても、語ることを通じて心の問題に対処していくという基本理念は、多様な心的障害のさまざまな治療に息づいています。

語ることで無意識の思考が解き放たれる……

口がすべる

無意識の中に抑圧されているものを完全に隠しとおすことは難しい。ときに私たちは自分でも気づかぬうちに、秘密をあらわにしてしまって当惑する。話をしながら、表情や身振りで本当の感情を暴露してしまうことがある。あるいは思わず口をすべらせて、言うべきでない本音を人に知られてしまうこともあるが、これは「フロイト的失言(言いまちがい)」と呼ばれている。

治療に「正解」はあるか？

人間の心や行動を理解しようという試みに加えて、心理学は心的障害の治療法を見つけることに努力してきました。心の健康を考える臨床心理学には、さまざまな種類の治療法があり、心理療法として広く知られています。

もし問題があなたを圧倒するほど大きなものならば、それを細かく砕いて扱いやすい大きさにしてみよう。

スプーン1杯の薬

医学の一部門としての精神医学が登場し、治療の試みを始めるまでは、心の障害は治らない病気と考えられていました。神経科学の進歩によって脳や神経系についての知識が深まり、医者は脳の働き方に変化をもたらすさまざまな治療の範囲を広げてきました。治療法には、脳の一部を取り除いたり遮断したりする手術、脳に電流を流す電気ショック療法、脳内の化学的なつながりに作用する投薬などが含まれます。

これらの治療は脳の損傷などはっきりした生理的原因による障害に適用されますが、他の精神障害の症状緩和にも効果があることに医者は気づいていました。手術や電気ショック療法は現在では患者に負担を強いる治療法とされ、他の方法ではうまくいかない場合に限って選ばれる手段です。一方抗うつ剤やその他の向精神薬は数多くの精神疾患に広く利用されています。しかし現代の精神医学はこれらの生理学的治療ばかりに頼ることはなく、ほとんどの患者は薬と心理療法を組み合わせた治療を受けています。

精神分析は信仰を基盤とする療法だというのが私の結論だ。

アーロン・ベック

かつて精神病院では、心を病んだ患者は劣悪な条件を耐え忍ぶしかなかった。

心理学的アプローチ

すべての精神障害が生理的・医学的疾患であるわけではないという考えから、心理療法は発達してきました。実際に心の障害の多くは心理学的な問題であり、したがってなんらかの心理学的治療を必要としているのです。ジグムント・フロイトは、不安や抑うつ症など脳の損傷や病気によるものではない神経症の治療に、心理療法を活用する道を切り開きました。フロイトの無意識理論に根ざした精神分析は、そういった障害に対する治療の柱として広まりましたが、やがてその効果を疑問視する心理学者も現れ始めます。その一人ジョセフ・ウォルピは、心的外傷後ストレス障害(PTSD)に苦しむ兵士たちには精神分析はあまり効果がないことに気づきました。ある刺激に対して特定の反応を体得するという行動主義の条件づけ理論に触発されて、ウォルピは患者の反応を変えることに焦点を合わせる行動療法を考案しました。行動療法では治療にあたる側がより積極的な役割を演じ、「系統的脱感作法」や「嫌悪療法」といったテクニックを適用します。系統的脱感作法はリラックスできる条件で恐れや不安の原因となるものに徐々に患者を慣れさせていく方法であり、嫌悪療法は望ましくない行動には不快感を覚えさせるような条件づけを利用する治療法です。行動に変化を起こすことができれば、患者の否定的な思考や感情は小さくなっていくと、ウォルピは主張しました。

否定的な思考を払いのける

行動療法は正しい解決策ではないと考える心理学者もいます。心や脳の働き方を研究する認知心理学の流れをくむ学者たちは、否定的な思考や感情そのもののほうが大切で、これにうまく対処できれば行動はおのずとただされると主張しました。精神分析に失望した精神療法家アーロン・ベックは認知療法という治療を考案します。認知療法は、患者が自分の問題についてこれまでとは違う考え方を見つけ、物事の否定的な面ばかりを見てしまう癖を乗り越えるように導きます。否定的な「自動思考」の犠牲にならずに自分の思いや感情をしっかり吟味するように、ベックは患者を励まします。その間アルバート・エリスも、認知療法に似た合理情動行動療法という治療を開発していました。これは不合理な否定思考に支配されることなく、しっかりと困難に向き合って合理的に考えることを患者に促すものです。エリスとベックはともに認知的技法と行動主義の考え方を結びつけ、認知行動療法を発展させ続けましたが、この治療法はさまざまな心的障害の治療に効果を発揮することが明らかになっています。問題を引き起こす原因は状況そのものにあるのではなく、その状況を私たちの心がどう解釈するか、その解釈によって私たちがどう感じ、どうふるまうかという点にある——これが認知行動療法のもとになる考え方です。

精神の病に対処する穿孔（せんこう）術の起源は、石器時代にさかのぼる。悪霊を追い払うために、頭蓋に穴を開けるのだ。

参照：98–99, 110–111

生き方の改善
認知行動療法は患者の過去を掘り起こすより、現在の問題そのものに向き合う。問題をよく調べて小さなものに分解することで、患者はより前向きに自分の問題に対処できるようになる。

ヴァーチャルリアリティー

認知行動療法は、特に虫や飛行機などを病的に怖がる恐怖症の治療に効果を発揮してきた。当初は、患者が恐れている対象について違う見方をするように治療者が仕向け、徐々にその対象に慣れさせていくというやり方だった。現代はコンピューター技術のおかげで、患者は実際に恐怖の対象に向き合う前に、仮想現実の中で経験してみることが可能になっている。

くよくよしないで、

多くの研究者が、異常性や精神疾患の解明と治療に力を注いできました。しかし 20 世紀後半、より肯定的な面に目を向ける心理学者が現れ、どうすれば幸せで充実した生活を送れるのかを考えるようになりました。

あなた自身の幸福のフローを見つけなさい。

よい人生

精神分析的手法を使っていた心理療法家たちの中に、治療の必要な精神疾患ばかりに集中することが本当に有益なのかという疑問をもつ者が出始め、彼らは、心の健康とその達成方法に重点をおくことを提案します。この新しい方向性を選んだ学者の一人エイブラハム・マズローは、人間を「症状の詰まった袋」とみなすのはやめようと考えました。エーリッヒ・フロムは、一人一人が自分自身の考えと能力に気づき、充足感を見いだせれば、心の問題の多くは乗り越えられると考えました。さらに、心理療法家カール・ロジャーズは、どんな療法も患者個人が「よい人生」を送れるように手助けすべきあり、「よい人生」には楽しさだけでなく充足感が必要だ、と考えます。ロジャーズによれば心の健康とはある固定した状態を指すのではなく、発見と成長の過程を通して達成できるものであり、それは自分が何者であるかに責任をもち、精いっぱい充実した生活を送ることによって得られるものなのです。

幸福を手にするには努力が必要だ。不愉快な仕事を避けているだけではいけない。喜びをもたらす仕事を積極的にする必要がある。

参照:98–99, 112–113

よい人生のプロセスとは……
人生の流れの中に自分自身でしっかりと船出していくことを意味する。

カール・ロジャーズ

幸福を求めて

精神疾患の治療から「よい人生」を生きる手助けへ、というこの方向転換は、「ポジティブ心理学」といわれる動きに力を与えます。幸せな生活を送るためには、何が幸せをもたらすのかを知らなくてはなりません。幸福で満ち足りた人の生き方を分析して、マーティン・セリグマンは三つの本質的な要素を確認しました。一つ目は彼が「喜

幸せになろう！

あなた自身の世界で
ミュージシャンは深く音楽に没入して周囲の世界から自分を切り離し、ある種の恍惚(こうこつ)感に包まれることがある。

ばしい人生」と呼ぶもので、喜びの追求と社交性の豊かな生活、つまり私たちが一般に幸せと結びつけて考える生活を意味します。ただこれだけでは長続きする幸福にはつながりません。真の幸福を得るには、「よい人生」、そして三つ目の「有意義な人生」からも、報酬と満足を引き出さなくてはなりません。

「よい人生」とは、私たちができること、したいと思うことを実行して人格の成長を実現していく生き方を意味します。「有意義な人生」とは、自分のためではなく、他者のために、あるいはもっと大きなもののために何かを成し遂げることです。

報いのある仕事

ハンガリー出身の心理学者ミハイ・チクセントミハイも、幸せで満ち足りていると自覚している人々について研究しました。どこから満足感を得るかはそれぞれ違っていても、みな何かに完全に没入しているときにある同じような感覚を味わうことに、彼は気づきました。それは無時間的な感覚で、本人は穏やかで集中していて、自分のことも周囲のことも意識していないといいます。チクセントミハイはこれを「フロー(流れ)」の状態と呼びましたが、この感覚は音楽家が演奏に夢中になっているときに経験するある種のトランス状態に近いものと考えられます。音楽や他の芸術などの創造的活動だけではなく、どんな仕事でもそれが私たちの能力を超えたものでなく、チャレンジというべきものであるなら、私たちもこの「フロー」を経験することは可能なのです。そこで生まれる強烈な幸福感は、やりがいと意義をもたらしてくれます。

恍惚感に我を忘れることは、もう一つの現実へと足を踏み入れることだ。
ミハイ・チクセントミハイ

よい行い、よい気分

2005年のある研究で、他人にやさしくすることによって私たちの幸福感が増すことが示された。毎週5つの親切な行為を6週間にわたって実行するように学生たちに求めた。毎日1つずつ親切な行為をしてもいいし、週の1日にまとめて5つしてもいい。すると1日に1つずつ親切を実行した者の満足感はわずかに増した程度だったが、まとめて5つの親切を実行したグループは40%も満足感が増したという。

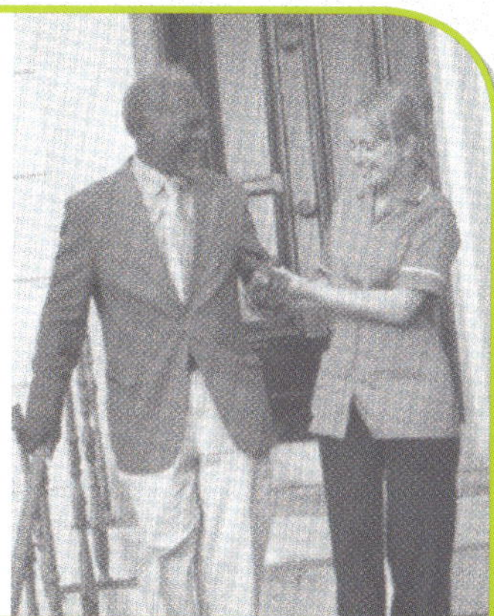

実生活の中の 差異心理学

明るい気分

冬になると疲れ・ストレス・気分の落ちこみに悩まされる季節性情緒障害という疾患がある。日光と人工照明のどちらも、その症状の軽減に有効であることが研究で明らかになった。季節性情緒障害は、冬季に日光を浴びることが不足するために発症すると考えられている。

罪を隠す表情

無意識のうちに顔つきがわずかに変化することで、心の奥の感情がわかる場合がある。嘘(うそ)の証言を見破るために、専門家はこの微妙な表情の変化をさぐる。たとえば諜報(ちょうほう)機関によるテロリストの割り出しなどにも有効だ。

「うつ」にうちかつ

運動の習慣と結びつくと、抗うつ剤の効果が高まるという研究結果がある。身体活動により、体内の自然な抗うつ薬であるエンドルフィンの分泌が促されるからだ。体によいとはいえない飲酒などの習慣とは対照的に、運動は心から心配事を追い出す健康的な方法といえる。

心を開く

心を広く開け放っていると、自然に幸運が舞いこむようになることが心理学的にも明らかになっている。柔軟であろうと努力し、たとえリスクがあっても生活や恋愛や仕事においてチャンスを大切にする人は、総じて用心深い人より充実感にあふれ、前向きに生きられる。

適性診断

心理学者の作った性格テストは、学生が自分に合った職業を選ぶ場合などに参考になる。この種のテストは採用面接と組み合わせて利用されることも多く、雇う側が応募者の中から職種に合った人物を選ぶ際の助けにもなる。

「あなたに必要なのはこれ!」

広告では、商品を愛とか安全とか人間にとって欠かせないものに結びつけることによって、その魅力を消費者に訴える。たとえば香水の宣伝では、異性に対する魅力が香水で増すと思い込ませようとするし、保険会社なら保険で家族が守られることを強調する。

私たちにはみな性格や能力に大きな違いがあり、抑うつ症や統合失調症のような精神疾患に苦しむ人もいます。このような個性の違いを理解することで、心理学者は問題に取り組む人の力になり、幸福で充実した人生を送れるように人を励ますことができるのです。

悪い習慣を断つ

なぜある人たちは喫煙をやめられないのか? 禁煙したいと思っていても、ついタバコに手を出してしまうのは、人と会ったりストレスを感じたりする特定の状況と喫煙習慣が結びついているからだ、という調査結果がある。その状況を変えれば、禁煙は容易になるはずだ。

才能の多様性

一般に信じられている「頭がいい」という常識とは違って、知性には数多くのタイプがあることがわかっている。テストの成績が悪い人でも、他の分野で優れた能力を発揮することはよくある。たとえ今までよい結果が出ていなくても、さまざまなことにチャレンジを続けていこう。

私の**居場所**はどこ？

社会心理学は、他者との関わり方、集団の一員としてのふるまい方、他人が及ぼす影響などについて考察します。仕事や余暇、そして私生活において、他者とどう向き合うのかという問題に加え、私たちの態度や行動が社会によってどのように形づくられるのかといった研究も社会心理学に含まれます。

みんなに従う?

なぜ「**いい人**」が**悪い**ことをするのか?

自分のため、**人のため**

態度の問題

説得力

あなたを**怒らせる**ものは?

仲間意識と**集団**思考

すぐれたチームをつくるには?

人が見ていると**プレッシャー**を感じる?

男女の心理に違いはある?

恋におちる

みんなに従う?

私たちのふるまいは、周囲の人から強い影響を受けます。私たちはみな、家族や友人のグループ、さらに大きな社会組織を含めさまざまなレベルの社会的集団に所属しています。自分は独立した一個人だと思いがちですが、こういった集団の意向に従わなくては、というプレッシャーを多くの人が感じているようです。

**人食い族の一員は、
人食いという行為をまったく適切で
正しい風習として受け入れる。**

ソロモン・アッシュ

同調への欲求

私たちの考えや行動は、自分の属する社会集団からどのような影響を受けるのでしょうか。いくつかの研究によって、私たちには集団全体の考えに自分を合わせようとする自然な欲求があることがわかっています。1932年にA・ジェネスが行った初期の実験の一つは、瓶の中に豆がいくつ入っているかを学生一人一人に推測させるというものでした。最終的に自分の答えを決める前に、学生たちは皆で話し合うように求められます。その結果、全員が当初の推測をグループの議論に合わせて修正したということです。ソロモン・アッシュによる別の実験では、何も知らされていない被験者たちをアッシュの協力者(正体は明かしていない)のグループに入れます。絵に描いた線の長さについていくつかの質問をすると、協力者たちは初めは正しく答え、その後まちがった答えを言い始めます。明らかにまちがった答えのときでも、何も知らない被験者たちはその3分の1程度の機会で多数派に合わせようとし、被験者の4分の3は少なくとも一回はまちがった答えを口にしたのです。

同調性がプラスの効果を発揮することもある。禁煙は集団で取り組んだほうが達成しやすいというデータが出ている。

同調圧力

実験後に話を聞くと、被験者たちはみな自分を意識しすぎて不安感が強まり、グループに認められないのを恐れ

「右へならえ」という態度 ➔

アッシュの実験は、カードの左に書かれた線分と同じ長さの線分をA、B、Cから選ぶというもの。かなりの数の被験者がたとえまちがっているとわかっていても、みんなと同じ答えを選んでしまう。

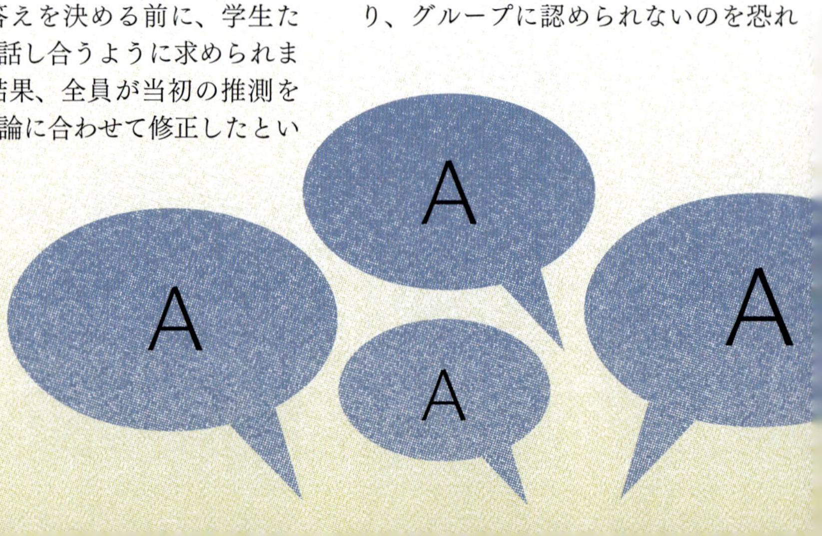

たということです。ほとんどの被験者がグループの考えには本心では同意していないと白状しました。まちがっているとわかっていても、反対して目立つよりも多数派に合わせる者が続出したのです。グループの判断は正しいと信じた被験者もいたそうです。この種の実験によって、集団内には同調を迫るプレッシャーがあることがわかります。私たちには他者に認められ、受け入れてもらう必要があるのです。たとえ本心では同意できなくても、順応するためにその場に自分を合わせようとする傾向が私たちにはあります。同時に自分の考えを確かめたいという気持ちから、確認や指導を求めて他人に目を向ける必要もあります。そのことが自分に疑いをもち、意見を変えることにもつながるのです。

自分の信念を守りとおす

　とはいえすべての人間が、現実あるいは想像上の同調圧力に屈しやすいわけではありません。アッシュの実験でも他人に合わせようとしない人は多数いましたし、似たような研究で答えを紙に書いてもらったり、人に知られないように配慮した場合には、自分の意見を変えない人の割合が増えることがわかっています。さらに協力者のうち一人でもまちがった答えに同意しない者が出れば、多数意見に同調する被験者の数は減ります。アッシュの実験にならって、同種の調査が世界各地で繰り返されましたが、その結果から順応性の程度には文化の違いによるばらつきがあることが読み取れます。集団の必要性が個人の主張に優先するアジア・アフリカ社会では、個人の判断を重視する西欧に比べて、より多くの被験者に同調性が強くみられるようです。

連鎖反応

群集による拍手喝采の力学も、私たちの同調傾向を表している。スウェーデンの科学者によれば、他人に従わなくてはという社会的圧力を人々が感じ、拍手喝采を始めたり止めたりするには、1人か2人の個人の力があればよいという。流れに加わろうとするこの傾向は、人気に火のついた話に熱をあげたり、フェイスブックやツイッターの輪に参加しようとする人々の行動を説明するものでもある。

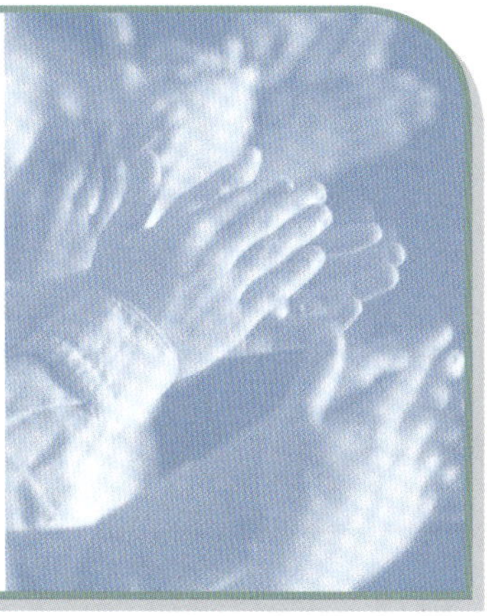

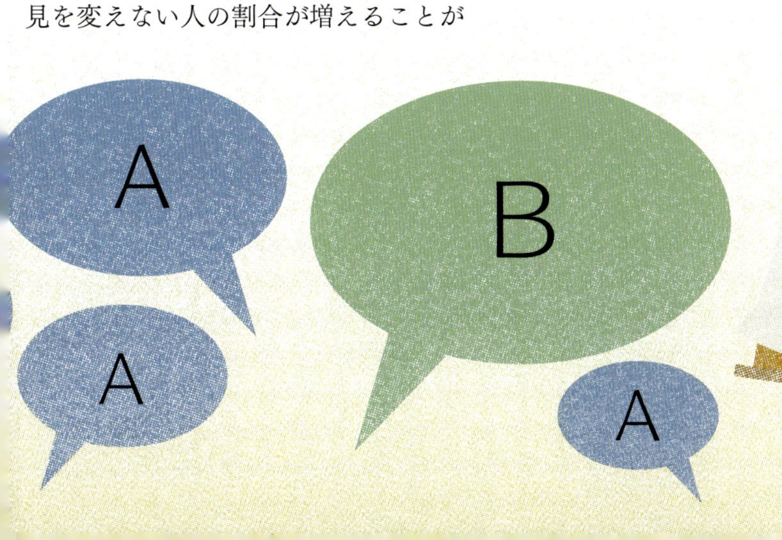

なぜ「いい人」が悪い

ひどい暴力をふるったり、残虐な行為に走ったりする可能性が、人間にはあります。穏やかな人生を送っているはずの普通の人にも起こりうることです。そのとき人はやむをえない状況だったと自分の行為を弁護したり、自分は単に誰かの命令に従っただけだと訴えたりするかもしれません。どのような経緯で人はそういうことを実行してしまうのでしょうか。

衝撃の実験

ナチスによる残虐行為の後、これほど恐ろしいことができるのはある特殊な人間だけなのか、似たような状況ではほとんどの人間は同じことをしてしまうのか、という問題を心理学者は考えるようになりました。スタンレー・ミルグラムは、私たちがどの程度権威に服従するかを調べました。学習に関する研究ということで教師役を演じる参加者を募り、一人ずつ生徒役のウォレス氏という人物に紹介します。このウォレス氏は実は研究スタッフ側の一員で、心臓の状態が心配な応募者のふりをしているのです。実験室では教師役の被験者は生徒役のウォレス氏にいくつかの質問をし、答えがまちがいなら電気ショックを与えるように「監督者」から指示されます。しかも誤答のたびにショックの電圧は増していきます。(実は電気ショックはにせものでウォレス氏の演技によるもの。)教師役がためらうと、監督者は続行するように命じます。ウォレス氏はショックのたびにうめき声を発し、315ボルトに達すると激しい叫び声をあげました。330ボルトを超えると、逆に沈黙が支配します。

権威ある人物が制服を着ていると、服従する傾向は強くなる。警官の制服なら、なおさらだ。

命令の下に

300ボルトまではすべての被験者がショックを与え、3分の2の被験者は450ボルト以上のショックを実行しました。彼らは何度も苦悶(くもん)の表情を浮かべますが、監督者には従わなくてはならないと感じたようです。私たちは権威ある存在には敬意を払い、服従するように育てられていると、ミルグラムは説明しています。

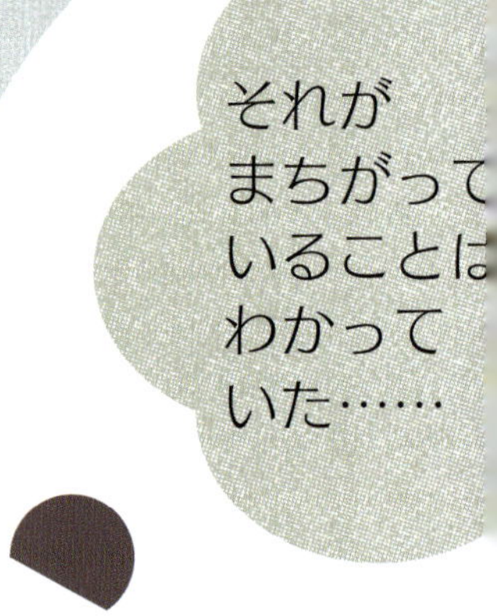

人はやれと言われたことをする。

スタンレー・ミルグラム

ことをするのか？

しかし良心に反する行為を命じられたとき、その命令に従わないという選択もありうるはずです。さもなければ私たちは人間としての責任を放棄して、単純に命令に服従するロボットになり、その結果「善良な市民」が恐るべき行為を実行してしまうという事態にもつながるでしょう。

役割を演じる

フィリップ・ジンバルドーは、社会的状況によって私たちがどのように悪事へと駆り立てられるのかを調べました。有名になった「スタンフォード監獄実験」は、模擬監獄で、24人の学生がランダムに割り当てられた「囚人」あるいは「看守」の役を演じるというものでした。看守役の学生は権威を振りかざして強圧的になり、囚人を演じる学生は自然に受け身の姿勢になるのです。実験後の話では、看守役は制服・棍棒(こんぼう)・手錠などの装備も加わって一層権力が強化されるのを感じ、囚人役は無力感・屈辱感に打ちのめされたといいます。私たちには社会が期待する役割にすばやく適応しようする傾向があることを、ジンバルドーは明らかにしました。誰もが邪悪な行為を実行してしまう状況というものがあり、それをつくり出す力が社会にはあるのです。

参照：28–29, 108–109, 134–135

多くの人々は起こっていることを見ていたが、何も言わなかった。

フィリップ・ジンバルドー

医師の指示

医師のふりをした人間が22名の看護師に呼びかけ、書類には後でサインするからと言って、ある患者に20ミリグラムの薬を与えておくように指示を出した。薬の投与には許可書が必要である上、その投薬の上限は10ミリグラムであったにもかかわらず、21名の看護師は患者に薬を与えてしまった（実際には無害な薬だったが）。ところが別の看護師グループでこの実験について議論をしたところ、一人を除いた残り全員が自分ならその投薬は拒否しただろうと発言した。

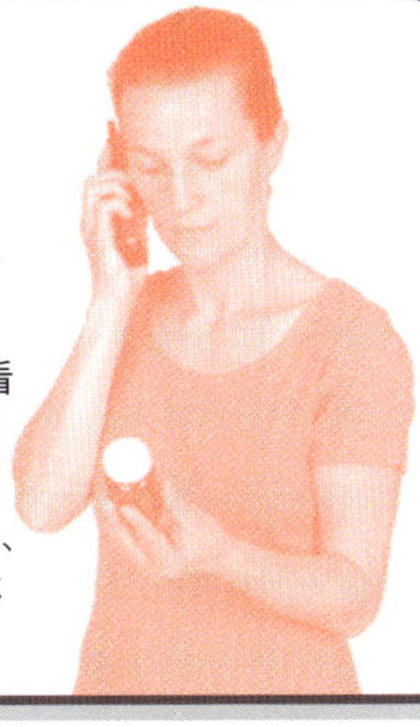

自分のため、

席を譲ったり、チャリティーに寄付をしたり、人はさまざまな形で助け合います。しかしこういう優しさは他者のためであるように見えて、実は自分本位の態度とまったく別のものとはいえない可能性があります。自分にとってなんの利益も期待しない純粋な利他主義など、実際にはありえないのかもしれません。

自分にとっての意味は?

本当の意味での利他主義(愛他的行動)が可能なのかという点について、心理学者の意見は一致していません。他人、特に家族や仲間を助ける行為には、自分の種を守ろうとする進化論的機能が関わっているという説があります。また他者への援助は実際には自分のためなのだ、という主張もあります。自分がよい気分になれるし、他人の目にもよく映るからです。あるいは他者の窮状を目にした私たち自身の苦痛を減らす手段にすぎないのかもしれません。しかしダニエル・バトソンはこういった考え方に異議を唱え、私たちには共感や思いやりといった感情移入に基づく心の動きがあり、これが他者の苦痛を減らそうとする本物の欲求を生むと主張します。そして誰もがこの感情移入を経験している以上、利他的行動は誰にとっても可能だというのです。

人は気分がよいときのほうが、他人を助けようという気持ちになる。ただし、よい気分が台無しになりそうなときは別だ。

傍観者という立場

ある殺人事件が救助行動に関する心理学者の興味をかき立てました。1964年ニューヨークで起きたキティ・ジェノヴィーズという女性の刺殺事件では、38人もの目撃者がいたのに誰一人助けようとせず、事件の後一人が警察へ通報したのみだったといいます。誰も助けに入らなかったことに世間は衝撃を受けましたが、多数の目撃者がいたこと自体がその理由だと、心理学者は説明しました。この現象は「傍観者効果」として有名になりました。傍観者がたくさんいるほど、なんとかしなければという一人一人の責任感が希薄になるのです。

困っている人への感情移入が、救いの手を差し伸べる動機になる。

ダニエル・バトソン

人のため

あなたは困っている
人を見たら、
手を差し伸べますか？

人ごみに紛れて
群集の中にいると誰かを助けようという気持ちが弱まる、という研究報告がある。しかしこのためらいは、他人の気持ちを理解し共有する能力、つまり共感の力によって打ち破られるはずだと、バトソンは主張する。

さまざまな人々が緊急事態を目撃すると、みな他の誰かがなんとかするだろうと思いこむ。

フィリップ・ジンバルドー

是非の評価

助けが必要な場面に出くわすと、傍観者は一連の意思決定プロセスを迫られます。行動に出るまでに5つの段階をふむという説があります。まず出来事に注意を向け、次に助けが要ると判断した上で、責任を引き受ける決意を下します。次に助ける方法を選択し、最後に行動に移すのです。この過程のどこかで否定的な反応が出てしまえば、傍観者は動きません。後にバトソンが感情移入と潜在的な損得についての要素を加えることで、この考え方はさらに洗練されたものになりました。そこでは意思決定のプロセスは2つの段階に分けられます。まず喚起の段階、すなわち困っている人の苦境と必要に対する感情的な反応があり、次に損得を計る段階が続いて、傍観者は自身が介入することの是非を評価します。困っているのはどんな人なのか、どんな助けが必要なのかということしだいで、結果が変わってきます。このプロセスは、ニューヨークの地下鉄で人が卒倒する実験でも確かめられました。車内で倒れるのは杖を持った人か、酒瓶を持った人です。体に障害のある人には90%の機会で援助の手が差し出されますが、酔っぱらいへの援助は20%にとどまりました。居合わせた人たちは、酔っぱらいは助けるに値せず、トラブルになる可能性があると考えたのかもしれません。

参照：146–147

「よきサマリア人」

聖書の「よきサマリア人」について、学生たちに課題を出した。学生たちがやって来ると、ある者は遅刻だと言われ、ある者は時間どおりだと言われ、ある者は早過ぎると言われる。学生は部屋に案内されるが、戸口に人が苦痛の表情で横たわっている。遅刻と言われた学生は10%だけが助けようとした。時間どおりと言われた者は45%、時間に余裕のある者は90%が助けようとした。慌てていた学生は、遅刻の危険を冒してまで助ける価値はないと判断したと思われる。

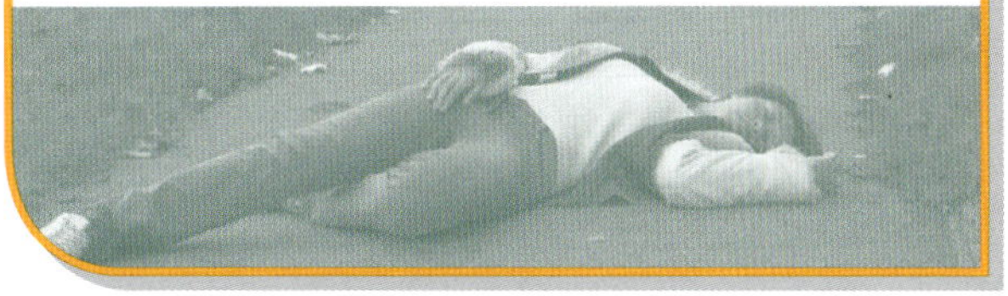

ソロモン・アッシュ

1907–1996

ソロモン・アッシュは 13 歳だった 1920 年に、ポーランドのワルシャワからニューヨークへ移住しました。大学を卒業した後、ゲシュタルト心理学のマックス・ヴェルトハイマーのもとで心理学の学位を取得します。ヴェルトハイマーの仕事を引き継ぎながら、アメリカのいくつかの大学で教え、社会心理学における開拓者の一人となりました。特に同調性に関する研究で有名です。

プロパガンダ

第二次世界大戦後、アッシュは戦時中に両陣営で行われた宣伝活動について研究した。宣伝の説得力は主にメッセージを発する人の威光によると心理学者の多くは考えていたが、アッシュは必ずしも同意しなかった。人々は誰がそれを言っているのかということだけでメッセージを盲目的に受け入れるわけではなく、伝える人物に照らしてその内容と意味を吟味している、と彼は主張した。

隠し撮り

他人の行動への同調傾向を研究する手段として、アッシュはアメリカ版「どっきりカメラ」というべきテレビ番組と協力した。何も知らない客が混み合ったエレベーターに乗り込む様子を隠しカメラで撮影する。エレベーター内にいた人たちはみな指示を受けて、ドアとは反対方向を向いている。その様子を見ると、乗り込んだ客も奥を向いて立ったという。

ニューヨークに移り住んだとき、アッシュはほとんど英語を話せず、チャールズ・ディケンズを読んで独習に励んだという。

印象

アッシュの関心事の一つに、他人の印象がどのように形成されるかということがある。ある調査で、彼は架空の人々の性格リストを被験者に手渡した。その際、リストにちょっとした変更を加えてみる。たとえばある人の性格描写を「冷たい」から「温かい」に直すという具合だ。すると他の性格にはいっさい違いはないのに、被験者たちの中でまったく異なる全体印象が形づくられてしまうことがわかった。

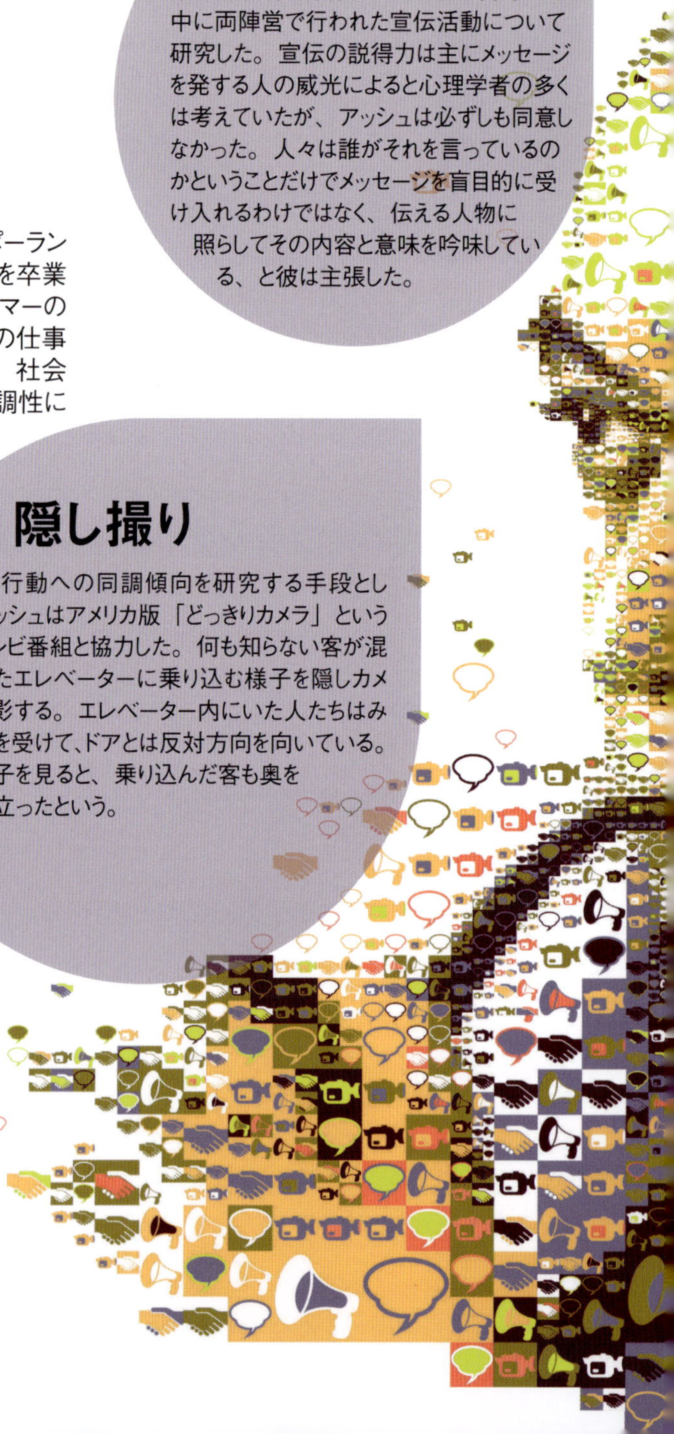

「人間の心というのは、偽りよりも真実の発見に向いた器官だ。」

比喩的表現

印象形成の研究を通じて、アッシュは人柄を表すために用いられる言葉に興味を抱くようになった。人々が「冷たい」「温かい」「甘い」「きつい」といった言葉を生理的・身体的なことだけでなく、性格特性を表現するのに用いることにアッシュは注目する。彼は古今東西の諸言語にみられる似た表現法を調査して、人格の理解の仕方がさまざまな表現法に反映されていることを発見した。

態度の問題

若者は
責任感に
欠けるが……

仕事をやり遂げたい
のなら、この若者と
協力しなくてはなら
ない。

心の構えとしての態度、特に他者やその考えに対する態度は、心の奥深くに根ざしており、私たちはなかなかそれを変えようとはしません。態度は行動に影響しますが、自分の考えが実際には変わらなくても、その場に合わせてふるまうこともあります。

態度とは?

ここでいう「態度」とは、他人やその考え・信念などさまざまなことについて私たちがもっている見方・考え方を指し、個々の場合に限らず、一般的にどう感じる傾向なのかを表します。ダニエル・カッツの説明によれば、何かに対する私たちの態度とは、そこから連想するもの、その属性、及び私たちが下すプラスマイナスの評価——こういったものの結びつきだということになります。たとえば、一般に若者は冒険好きで老人は用心深いと信じられていますが、そういった属性をよいと思うのか悪いと思うのかによって、若者や老人に対する態度は変わってくるでしょう。私たちの態度を形づくる信念や価値観は社会状況の影響を受けます。自分が育てられた文化規範や、自分が属している宗教・政治組織などの集団にならい、なじもうとする傾向が私たちにはあります。心構えとしての態度にはさまざまな機能があります。社会的に認められた態度なら、他者からの承認が得やすくなります。また物事について一貫した判断を下したり、考えを表明したり、反対意見に対して自己弁護をしたりするのにも役立つでしょう。

人は
食事をしながら
何かを紹介されると、
それが他人でも物でも話
でも、他の場で紹介され
るより気に入る傾向
が強くなる。

態度と行為

感じ方は当然、行動に影響を及ぼします。たとえば私たちの政治的な姿勢は、投票行動や新聞の選択、場合によっては友人の選び方にも関係するでしょう。さらに自分とは違う意見の人とのつき合い方にも影響します。

ただ態度は必ずしも行動に正確に結びつくものではありません。状況によっては、自分の考えと矛盾するようなふるまいに出ることもあります。他人の見解に合わせる必要を感じたり、権威に従った方がいいと判断したりするからです。自分の姿勢が周囲の人間には受け入れられないと気づいた人には、特定のふるまい方を選ぶように社会的圧力が働くことがありますが、これは態度の変化に結びつくとはかぎりません。態度は人の

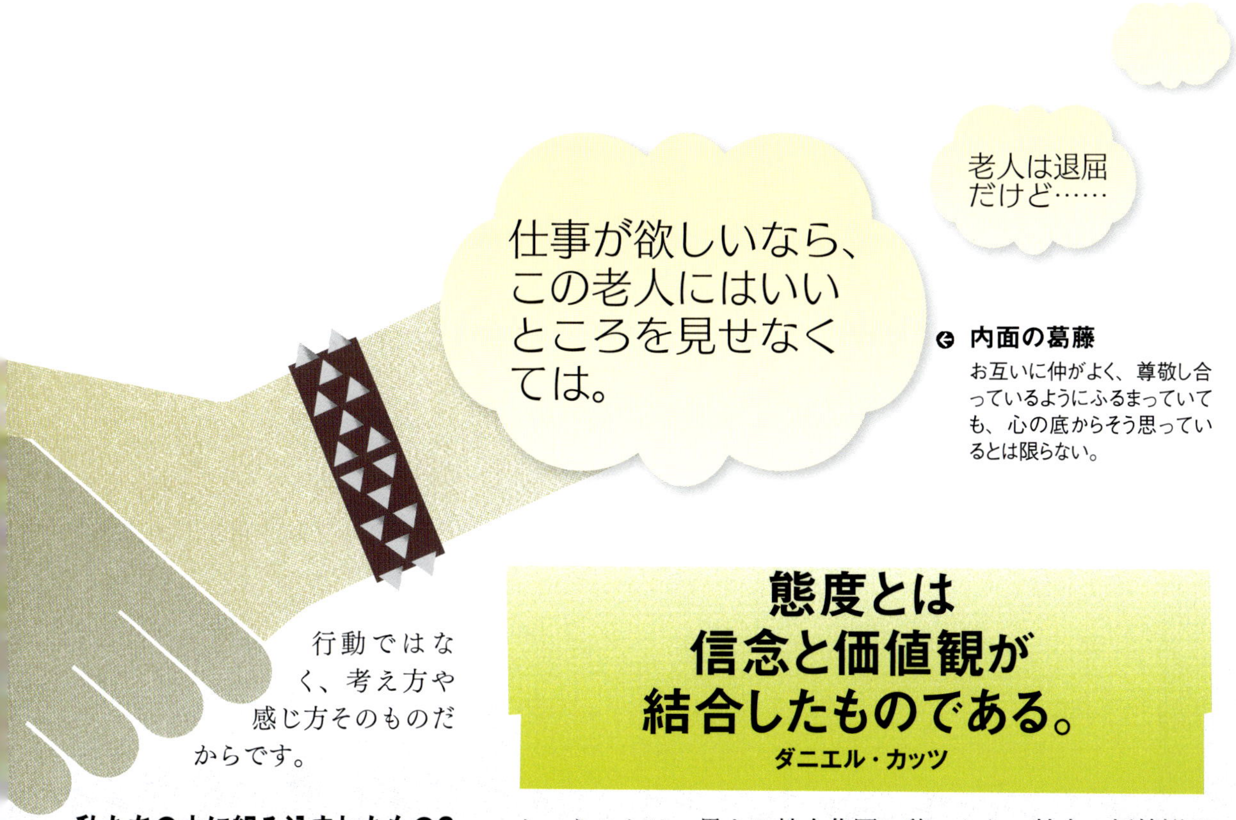
老人は退屈だけど……
仕事が欲しいなら、この老人にはいいところを見せなくては。

内面の葛藤
お互いに仲がよく、尊敬し合っているようにふるまっていても、心の底からそう思っているとは限らない。

行動ではなく、考え方や感じ方そのものだからです。

態度とは信念と価値観が結合したものである。

ダニエル・カッツ

私たちの中に組み込まれたもの？

私たちは考え方や感じ方を変えるより、表面的に順応して本心を隠すほうが容易だと思っています。とすると人が本当に心の奥底の態度を変えることはあるのでしょうか？ 態度というものが長い時間をかけて築きあげてきた信念や価値観によって形づくられ、心に深く根ざすものである以上、これを変えることは容易ではありません。変わりにくさの程度はさまざまですが、私たちが反対意見から身を守るためにとる態度の場合は特に問題です。極端な場合、そういう態度は人々や考え方に対する差別や偏見につながり、根拠のない優越感をもたらすこともあるのです。しかし、態度が自分の属する社会集団の規範に基づいて形づくられたということは、異なる社会集団に移ったり、社会の価値観そのものが時間をかけて変化したりすれば、私たちの態度も変化することを意味します。たとえば、200 年前には大多数の人が奴隷制度の存在を受け入れていましたが、社会の変化とともに個人の姿勢も変わり、今日では奴隷制という考え方を支持できると感じる人はほとんどいないでしょう。

人種問題――地上と地下

1950 年代アメリカ南部では、黒人への偏見は社会通念として広まっていた。しかし炭鉱労働者についてのある研究で、心理学者たちは地下での様子は違っていることに気づいた。炭鉱内で働く白人の 80% は黒人に対して友好的であるのに、地上に出ると 20% の白人しか友人らしくふるまえないという。白人労働者たちは地上と地下で異なる規範に合わせていたことになる。

説得力

私たちの考えを変えようともくろんでいる人はたくさんいます。個人のレベルでは、友達があなたを説得しようとしているかもしれません。他にも商品を売ろうとする広告主もいれば、私たちの考え方に影響を与えようと望む政治家や宗教家もいます。さまざまな声が聞こえてきますが、そこでは説得のためのよく似たテクニックが用いられています。

メッセージを届ける

友人どうしの説得なら、自分の見方を論理的に主張するのが普通でしょう。しかし人を説得する方法はそれだけではありません。私たちは説得している人を気に入るかどうかで違った反応をしますし、意見を変えることで何が得られるかによっても結果は違ってきます。広告主や公的人物が説得しようとする場合にも、同じことが言えます。理にかなった議論は、説得のプロセスの一部でしかありません。メッセージが相手の胸に届くためには、論理的であるだけでなく感情に訴えなくてはならないし、信頼できる情報源から発せられたものである必要があります。聞く側もその内容が自分に関わりが深いと信じなくてはならないし、新しい考えを心地よいと感じる必要があります。新たな考えが自分の深く信じてきたものと軋轢(あつれき)を起こしてはならないのです。

会話の中で相手の名を口に出して呼びかけながら話すと、相手はあなたにより好感をもち、信じてくれるようになる。

商いのコツ

20世紀には販売促進のための広告に、しだいに説得の心理学が利用されるようになりました。広告のテクニックに、どのように人々の態度に変化をもたらすかという心理学の成果が反映され始めたのです。スキャンダルにより大学での地位を追われた後、ジョン・B・ワトソンは広告代理店で働き始め、そこであらゆる商品を売るために心理学の知識を活用しました。広告を出す側も単によい商品を紹介するだけでは不十分であることはわかっていましたが、ワトソンは消費者に語りかける新しい方法を提案します。広告が効果を発揮するには感情に訴えるべきであり、愛着や恐れや怒りといった反応を引き出す必要があると、ワトソンは考えました。たとえば、ある化粧品によって異性に対する魅力が増すとか、有機農産物は加工食品より安全であるといった情報発信が考えられます。ワトソンはまた、医師や有名人に製品を推奨してもらってメッセージに権威を与えるとか、新商品がどれくらい受け入れられているかを市場調査で調べるなどの方法を開拓しました。

参照：74–75

未知のものへの不安

人はよく知っているものに囲まれていたほうが心地よく思うし、新しい考え方、特に自分の考えと合わない考え方に対しては不安を覚える。社会心理学者のロバート・ザイアンスは被験者にさまざまな記号を見せる実験で、見る回数の多い記号ほど被験者が気に入るようになることに気づいた。繰り返し見たり触れ合ったりすれば親しみがわき、態度も和らいでくる。

人心を操作する

他の分野でも、同じようなテクニックが利用されています。たとえば政治や宗教の組織は、自分たちの考えについて人々を説得し、新しいメンバーに加入してもらう必要があります。恐れは人々の気持ちを動かすための特に強力なツールとなりうるのです。禁煙を促すキャンペーンなどでおなじみでしょう。極端な考えを広めるためにも、恐れが利用されることがあります。1930年代・40年代のナチスのプロパガンダに関する研究で、ジェームズ・A・C・ブラウンは、大衆の思考を操作するために恐れがどう利用されたのかを明らかにしました。大衆から浮き上がって目立つことへの恐れにつけこんで、プロパガンダは人々の選択肢を制限し、単一の見解をあたかも議論の余地のない事実であるかのように提示して議論を封じます。またしばしばおきまりの「敵」(ナチスの場合はユダヤ人)をスケープゴート(贖罪〔しょくざい〕のいけにえ)に仕立てあげます。ヒトラーのようなカリスマ的指導者は、その主張を感情的なスローガンとして繰り返し叫び続け、効果的に人々を「教化」し、洗脳するのです。同様のテクニックがこれまで他の独裁体制でも、カルト集団でも使われてきました。ただし説得の力はよい目的にも使われます。認知行動療法では、心の健康に害を及ぼす不健全な態度を改めさせるのに役立っています。

> **単独の声になることへの恐れから、人は大衆の中に自分の身を埋没させたいと願うようになる。**
>
> **ジェームズ・A・C・ブラウン**

洗脳
ある主張を絶えず繰り返し聞かされると、いつのまにか受け入れてしまうことがある。他の見方が検閲で摘み取られているような場合には、特に危険だ。
専門家の見解
情報源に権威があると、私たちは信用していいと思う傾向がある。医師や大学教授、その分野の専門家が頼りだ。
明快なメッセージ
私たちは単純で大胆な言葉で語られるメッセージに反応しやすい。それは納得しやすいだけでなく、感情に訴えかけてくる。
説得のための
5つの方法
語りの魅力
感情面でひきつける力をもっている人――特にカリスマ的な人物や皆から好かれる人物に、私たちは説得されやすい。
不安をかき立てる
ある主張を受け入れるように説得する際、反対意見がもたらす結果を私たちが恐れるように仕向けるのが有効だ。

あなたを**怒らせる**

怒りは人間の基本的な感情の一つであり、誰もが折にふれて抱く気持ちです。怒りは欲求不満などを通して心の内からこみあげてくることもあれば、周囲の何かが引き金になってわきおこることもあります。他の感情と同様に、私たちは怒りを十分にコントロールすることはできません。ときには怒りが爆発し、他人に対する攻撃となって表れます。

攻撃性は常に欲求不満の結果であり……、欲求不満は常に攻撃性へ通じている。
ジョン・ダラードとニール・E・ミラー

内なる怒り

他の動物に比べれば、人間は怒りや攻撃性を制御するすべを身につけてきたといえますが、心理学者に言わせればそれは部分的で不完全なものなのです。私たちは基本的に利己的であり、力や利益を得るために攻撃性を発揮する生き物だというような冷めた見方もあります。攻撃性は進化上の役割をもつ本能であり、家族や蓄えや縄張りを守るのに役立ってきたともいえます。ジグムント・フロイトはこの本能を、自己破壊の衝動、すなわち自分自身に対する内なる怒りに結びつけました。ふだんはこの怒りを押さえつけていますが、蓄積していつか他者への攻撃行動として暴発する恐れもあります。しかしたとえ怒りや攻撃が人間の本質をなす部分だとしても、その表現の仕方は私たちが社会的に学んだものだと、アルバート・バンデューラは主張しています。彼は有名なボボ人形の実験(27 ページ)で、子どもによる攻撃行動の模倣を明らかにしました。これは、暴力的な映画、テレビ番組、コンピューターゲームなどが、特に若者の攻撃性を助長する、という懸念につながります。

スポーツで、黒のユニフォームを着用したほうがファールを犯しやすい、という調査報告がある。

参照:26-27, 92-93

欲求不満

私たちが攻撃的になるのは、何かの達成を妨げられたときだという説もあります。人は自分の努力が妨害されると欲求不満を感じ、攻撃性をあらわにします。挫折が誰のせいでもなかったり、自分の能力不足による場合でも、攻撃が周囲の標的に向かい、それをスケープゴート化してしまうことさえあるのです。欲求不満にはさまざまな程度があり、なんの前ぶれもなく突然問題が起きるときや、妨害する人物になんの正当な理由もないと思われるときに、攻撃性はより発揮されやすいようです。

暴力への手がかり

レナード・バーコウィッツの研究では、被験者の半数が電気ショックを受け、電気ショックによる報復を実行できるチャンスを与えられる。被験者のいる部屋には銃かバドミントン用ラケットのどちらかが置いてある。電気ショックを受けたものがやり返そうとするのは予想どおりだが、ほとんどの報復は近くに銃が置いてある被験者によって実行された。

ものは？

危険な引き金

レナード・バーコウィッツは、欲求不満だけでは攻撃行動の十分な説明にはならないと考えます。彼の考えでは、欲求不満は攻撃ではなく怒りの原因であり、怒りそのものは攻撃行動に結びつく可能性のある心理的苦痛の一形態でしかありません。生理的であれ心理的であれ、どんな形の苦痛も攻撃を誘発する可能性がありますが、それには人を攻撃行動へ向かわせる外的なきっかけ、あるいは手がかりのようなものが必要なはずです。私たちは武器などある種のきっかけになるものを攻撃に結びつけるのだと、バーコウィッツは主張します(右のイラスト参照)。このような手がかりとの出会いが私たちの心に攻撃的な考えや気分をもたらし、自分の中の不快感に反応して暴力や攻撃性の引き金を引くことがあるのです。

引き金を引くのは指だが、引き金のほうも指を動かしている可能性がある。
レナード・バーコウィッツ

銃を見た
迷惑な騒音
耐えがたい悪臭
試合に負けた
交通渋滞
怒りはさまざまな理由で爆発する

爆発寸前 ➔
欲求不満がたまると私たちは怒りっぽくなるが、怒りが爆発するには何かのきっかけが必要なことも事実だ。武器のようにはっきりしたもの以外に、騒音・悪臭・不快な暑さなどもきっかけになりうる。

スタンレー・ミルグラム

1933–1984

ミルグラムは、パン屋を営むユダヤ系ハンガリー人の父とルーマニア人の母の間に、ニューヨークで生まれました。成績のよい学生で、まず政治学を学びましたが、その後ハーバード大学で社会心理学の学位を取得します。1960年代にイェール大学で教えているとき、服従についての実験を行って有名になりました。その後、ニューヨーク市立大学の教授として働いていた1984年に、心臓発作で亡くなりました。

議論を巻き起こす

ミルグラムの行った最も有名な実験では、生徒役の男性が解答をまちがえるたびに、電気ショックを与えるように被験者たちは命じられる。被験者の多くは、指示どおりに電圧を上げながらショックを与え続けた。この結果が示唆するのは、ほとんどの人が命じられればなんでもしてしまうということだ。ショックは実際には演技によるものだったが、被験者たちに人を傷つけていると信じこませたこの実験のやり方は、多くの議論を呼んだ。

未投函の手紙

ミルグラムと仲間たちは人々の態度を探る目的で、切手は貼ってあるが投函されていない手紙を公共の場所に置いておくという実験を行った。封書の宛先にはさまざまな組織名が書かれている。「医学研究協会」のようなよい印象を与えるものと、逆に「ナチス友の会」などという悪印象のものがある。見つけた封書を投函するかどうかで、そういった組織に対する人々の思いが推測できる。

迷子

見るからに迷子と思われる子どもが、街角をうろついている。どのくらいの人が子どもを助けようとするかを調べるミルグラムの実験だ。アメリカのさまざまな町で通りをさまよう子どもたちは、「迷子になったから、家に電話して。」と通行人に呼びかける。通行人の反応には場所による違いがみられた。小さな町の人々は総じて親切で、72% の人が手を差し伸べた。ところが大都会では多くの人が子どもの声に耳を貸さず、避けるように過ぎ去ろうとする。助けようとした人は半数に届かなかった。

高校時代、ミルグラムの同級生にフィリップ・ジンバルドーがいた。ジンバルドーも社会心理学者となり、さまざまな議論を巻き起こした。

「責任感の**消失**こそ、**権威**への服従がもたらす最も重大な帰結である。」

テレビの悪影響？

テレビ番組が反社会的行動に及ぼす影響についての研究で、ミルグラムは「医療センター」という病院ドラマを人々に見てもらった。ドラマにはエンディングの異なる２つのバージョンがある。一つは主人公が現金を盗むところで終わり、もう一つはチャリティーに寄付する場面で終わる。見終わった被験者たちが、似たような状況で主人公の行為を模倣するかどうかをミルグラムは観察した。盗みのシーンを見た者も含めて、ほとんどの人は現金をとることはなかった。

仲間意識と集団思考

人間は社会的動物であり、自分一人ではできないことをするために集団を形成しようとします。同じ意見の人が集まるグループもあれば、違う考え方の人たちからなるグループもあります。どちらの場合でもグループがうまく機能するためには、メンバーが行動方針に同意し、一体となって行動しなくてはなりません。

集団を成り立たせるのは、個人の類似性や相違点ではなく、運命の相互依存である。
クルト・レヴィン

まとまる

クルト・レヴィンは、集団とそのメンバーのふるまい方や発達の仕方を説明するために「集団力学」という造語を用いました。そのアイディアはゲシュタルト心理学の「全体は部分の総和とは異なる」という考えに影響を受けたもので、個人には不可能なことでも集団なら実現できることを示唆しています。しかしメンバーによって考えが異なる場合には、チームとしてまとまるために、共通の目標に向かって合意形成が必要になるでしょう。また陪審や委員会などにみられるように、公平で正確な決定を下すために、私たちはさまざまな形の合議に頼っています。

私たちは集団の中にいるときより、一人のときのほうが創造的なアイディアを思いつく。

グループとしての考え

同調しようという自然な欲求は、合意形成や仲間意識の育成に役立ちますが、マイナスの側面も併せもっています。同調への欲求は個性の喪失につながるという指摘があります。集団内の個人は他のメンバーの考えと折り合いをつけていくべきだと感じるものですが、個人に圧力がかかると、調和というより服従を強いる空気が広がります。そこではウィリアム・H・ホワイトが「集団思考」と呼ぶ思考形態が支配的になり、同調への圧力が独立した個人の批判的思考を押さえつけてしまう危険があるのです。メンバーが集団の決定と折り合いをつけるばかりではなく、その決定は常に正しいと信じるようになり、ときにはまちがった決断さえ全員一致で支持してしまうこともあります。さらに自分たちは誤りを犯すはずはなく、他より優れていると感じ始めるリスクもあり、こうなると自分の属する集団と外部の集団との間に軋轢(あつれき)が生じかねません。

異議を認める度量

アーヴィング・ジャニスは集団思考の問題を避

集団思考では、集団の価値は単に都合のよいものであるだけでなく、もともと正しく善いものだとみなされる傾向がある。
ウィリアム・H・ホワイト

独立した思考は集団の精神に飲み込まれてしまう可能性がある。

「群れ」という生き物
よく似た者、あるいは同じ考えの人は集団をつくりやすい。いったん集団におさまると、個性を失ったり、多数の意見に盲目的に従ったりする危険が生じ、ときには不吉な結果につながることもある。

参照:76–77, 138–139

けることは可能だと考えました。仲間の団結心が一人一人の考えより重要視されるときに、集団思考は勢いを得ます。これを防ぐために、個人の自立した考えを促す組織形態をジャニスは提案します。グループのリーダーは、メンバーが服従への圧力を感じないように、どこから見ても公平でなくてはなりません。さらにグループがすべての選択肢を吟味し、外部の人に相談できるようにする必要もあるでしょう。反対意見があるのは実際にはよいことで、メンバーにあえて反対の主張をさせて別の見方を導入することも議論を活性化するために必要だと、ジャニスは主張します。集団がより合理的で公正な判断を下せるようにした上で、一人一人が個人的な考えを保持できることが、順応と服従から生まれる集団思考ではなく、より健全な仲間意識の育成につながるのです。

仲間と敵

1950年代にムザファー・シェリフは、サマーキャンプに参加した少年たちを2つのチームに分ける実験を行った。別のチームがあることを知らない少年たちは、それぞれのチームで結束を固めた。その後2つのチームは引き合わされ、いくつかの競技で戦うことになる。少年たちはみな自分のチームのほうが相手方より優れていると感じ、チーム間に敵対意識が生まれる。また実験前に仲のよい友人は別のチームになるように振り分けたのだが、ほとんどの少年が自分の親友はチーム内にいると言い張った。

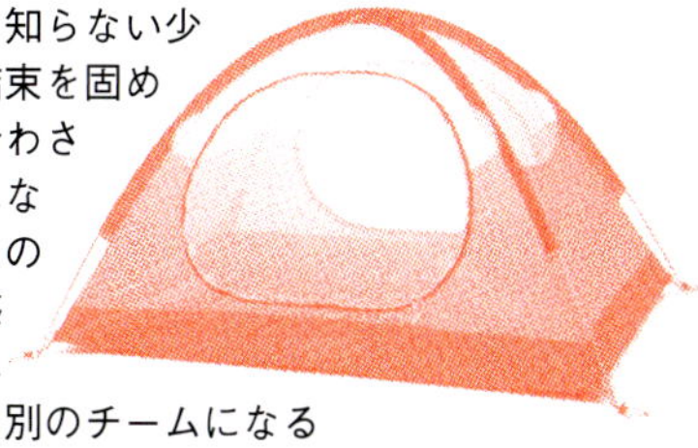

すぐれたチームを

ビジネスや政治からスポーツや音楽などのレジャー活動に至るまで、人はさまざまな状況で集団としてまとまらなくてはなりません。集団が効率よく機能するためには個々のメンバーがチームのために働く必要があり、そのために最も大切なのはチームの組織が整っていることです。リーダーシップの形も重要になります。

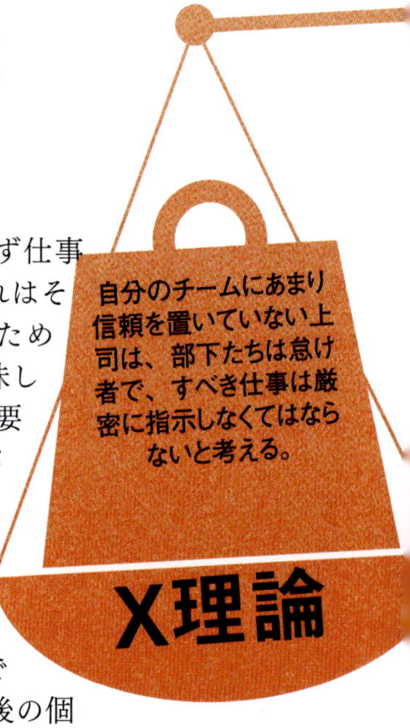
自分のチームにあまり信頼を置いていない上司は、部下たちは怠け者で、すべき仕事は厳密に指示しなくてはならないと考える。
X理論

チームのために

クルト・レヴィンによれば、チームが機能するためには、各個人が自分はチームにとって必要な部分を担(にな)っているという実感をもたなくてはなりません。一人一人が自分の満足はチーム全体の満足に依存していることを理解すれば、それぞれの責任を果たそうといっそう努力するようになるでしょう。皆が貢献するためには、メンバーそれぞれの得手不得手を考慮した組織である必要があります。エルトン・メーヨーは、工場労働者が非公式にグループを組織して、仲間意識を育む様子を観察しました。公式的な集団では階層が明確になるでしょうが、どんな集団でもチームワークを鼓舞するリーダーのもとで、メンバー一人一人が集団内に自分の居場所を実感できることが肝要です。

リーダーが心得るべきこと

メーヨーはさらに、協力し合うことは人間に必要な社会的欲求であり、集団の一員であることは仕事に対するどんな報酬よりも重要であることを発見しました。リーダーシップが効果を発揮するためには、メンバー一人一人がもつ社会的要求の理解が欠かせません。メーヨー以降の心理学者は、リーダーが考慮すべき要求は3つあると考えるようになりました。まず仕事の要求があり、これはその仕事を実行するために必要なことを意味します。次の集団の要求には、たとえばメンバーが効率よく協力できるようにすること、意見の対立を解決することなどが含まれるでしょう。そして最後の個人的要求は、メンバー一人一人がその仕事から何を得たいのかということに関わります。さまざまな要求のバランスを考えることが、チームづくりには欠かせません。

働いている人のおよそ3分の2が、仕事上で最もストレスを感じることに上司との関係を挙げている。

権威がうまく働かないときは、権威の使い方を加減するのではなく、まったく別の方法で影響を与えることを考えなくてはならない。

ダグラス・マグレガー

リーダーシップ

チームとして仕事に取り組むとき、部下たちを励まし指揮する方法はいろいろあります。権威を

リーダーシップには
2つのタイプが
ある……
自分のチームのメンバーはやる気があり有能だと信じている上司は、部下たちに仕事を任せてあまり口を挟まない。
Y理論

参照：136–137

つくるには？

示すタイプの上司は、すべきこと・してはならないことを部下に対して厳格に指示するでしょう。もっと民主的なリーダーならチーム全体で相談し、メンバーのやっていることにいちいち口を挟まない場合もあります。経営学の専門家ダグラス・マグレガーによると、ビジネスにおけるリーダーシップについては、X理論とY理論という2つの考え方があり、経営スタイルにも関わります。X理論では、労働者は本来怠け者で、野心がなく、責任を回避したがるという前提から、経営者は権威を表に出した厳格な指揮のスタイルをとります。一方Y理論では、労働者はやる気があり、野心的である上に、自己規律もしっかりしているという前提に立ち、より協同的な経営スタイルが選ばれます。マグレガーの考え方は主としてビジネスの世界、特に人事管理に関するものですが、この2タイプのリーダーシップはあらゆる分野でみられるようです。

「ホーソン効果」

1930年代に、エルトン・メーヨーはシカゴのホーソン電気工場で働く労働者たちについての調査を行った。工場の照明を改善すると生産効率が上がることにメーヨーは気づいた。ところが照明を元に戻しても、生産効率は下がらずにむしろさらに向上し、もう一度照明を明るくするとさらに効率は改善された。実は労働者たちは照明条件に反応しているのではなく、誰かが自分たちの作業に興味をもって調べているという事実に応えていたのである。

人が見ているとプレッシャー

実際に参加するにせよ、観て楽しむにせよ、スポーツやゲームには勝負を競うものが少なくありません。競争意識や観客のもたらすプレッシャーは、競技者が実力を発揮する上でいろいろな影響を及ぼしそうです。チームの一員であることも、個人のパフォーマンスに影響を与えます。

競争意識

スポーツ心理学の開拓者ノーマン・トリプレットは、19世紀末に競争がパフォーマンスに与える影響について調べました。自転車競技の選手が一人で走るより、他の選手と競走するほうが速く走れることに彼は気づきます。競うことで本当に行動が改善するかどうかを確かめるため、さらに子どもに旗を揚げさせる実験を行い、一人で揚げる場合と二人で競争する場合を比べてみます。すると競ったときのほうが常によいタイムが出るのです。このことからトリプレットは、人には競争本能があり、それを刺激されると実践力が向上するという結論を得ました。後の研究では競い合うことで実際に生理的にも効果が表れ、心拍数やテストステロン(男性ホルモンの一種)の増加といった肉体的な変化につながることも明らかにされました。

自分のチームが勝ったときの喜びは、負けたときの失望より長く続く。

観客の力

他のスポーツ研究者は、相手と競っていなくても、単に誰かと同時に何かをしたり、誰かが見ているだけでも、パフォーマンスが向上することに気づきました。ゴードン・オルポートはこの現象を「共行動効果」「見物効果」と呼び、私たちの行動は他者の存在によって改善するが、必ずしも競い合う必要はないと説明しています。しかしこれに異議を唱える学者もいます。私たちがすでに得意にしていること、たとえばサッカーボールをゴールに蹴り込むというような、よく練習していることや単純なことをする場合は、他人がいるためにさらにうまくいくことはあります。しかしトリッキーなシュートなど難しいことになると、他人の存在はむしろ逆効果になるというのです。困難な仕事にはより集中力が必要なのに、人が

ゴキブリの競走

観客がいると影響を受けるのは人間だけではない。1969年に行われたゴキブリを使った実験では、ゴキブリは単独のときより仲間がいるときのほうが迷路を進むのに苦労することがわかった。しかし、ただ単純にまっすぐに進むというような場合には、一匹だけの場合より他のゴキブリがそばにいるほうが速く走れるという。

通常は競

を感じる？

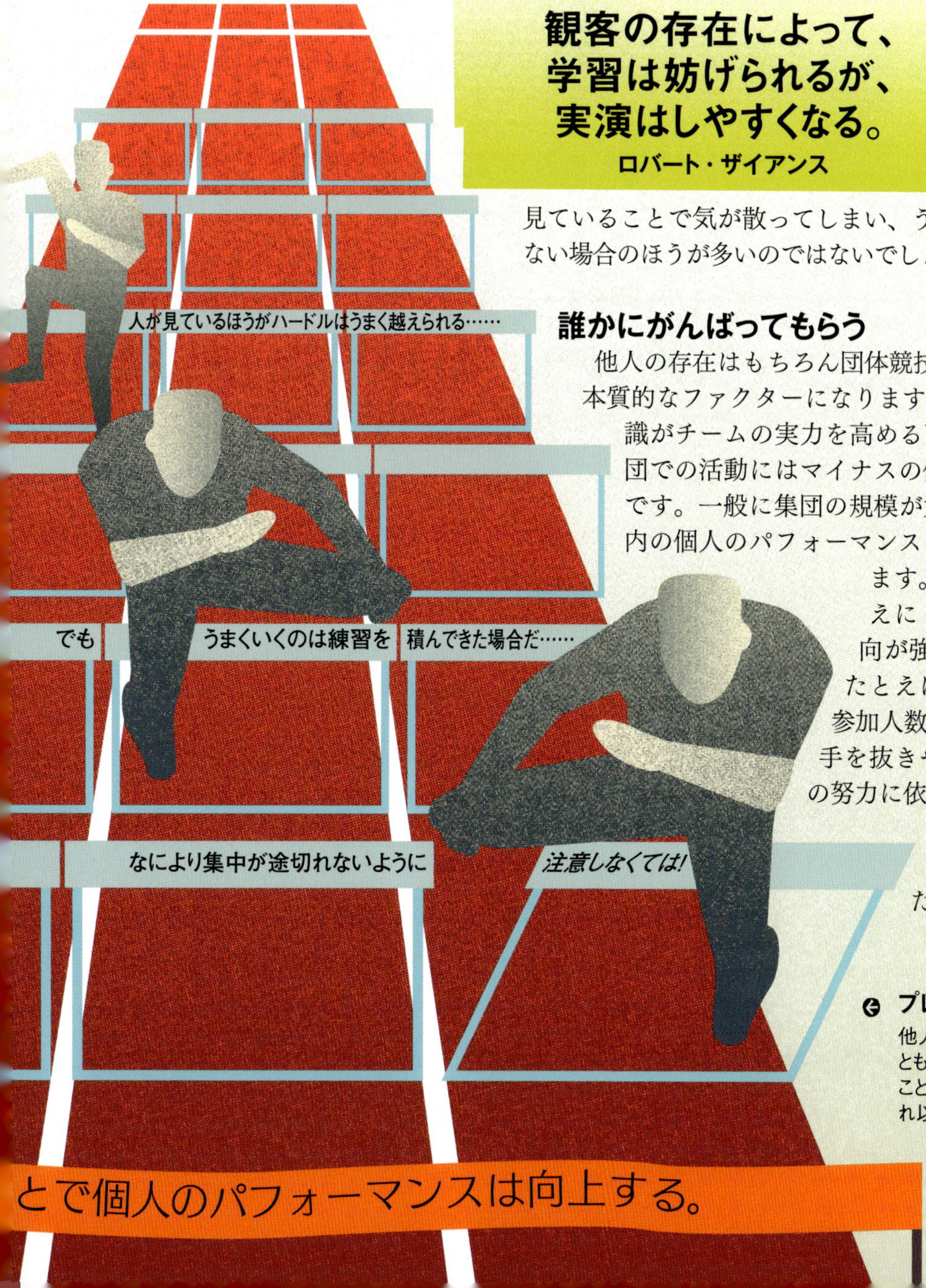
人が見ているほうがハードルはうまく越えられる……
でも
うまくいくのは練習を
積んできた場合だ……
なにより集中が途切れないように
注意しなくては!

とで個人のパフォーマンスは向上する。

**観客の存在によって、
学習は妨げられるが、
実演はしやすくなる。**
ロバート・ザイアンス

見ていることで気が散ってしまい、うまくいかない場合のほうが多いのではないでしょうか。

誰かにがんばってもらう

他人の存在はもちろん団体競技やグループ活動では、本質的なファクターになります。仲間の存在や競争意識がチームの実力を高める可能性がある一方、集団での活動にはマイナスの側面があることも事実です。一般に集団の規模が大きくなるほど、集団内の個人のパフォーマンスは低下する傾向があります。一人一人の努力が見えにくい場合は特にその傾向が強いと言えるでしょう。たとえば綱引きをする場合、参加人数が多いほど、各個人は手を抜きやすくなります。他人の努力に依存してしまうこの現象を、ビブ・ラタネは「社会的怠惰」と呼びました。

プレッシャー
他人が見ているほうがうまくできることも多いが、それは自分が得意なことをしている場合に限られる。それ以外の場合、観客の存在は居心地を悪くする可能性があり、失敗の要因にもなりうる。

あなたの考えていることは

1950年代・60年代に女性解放運動が盛り上がり、心理学的な性差についても関心が集まりました。男女の肉体的な違いは明らかであるのに対し、心理的な性差があるのかどうかは明確ではありません。あるとすれば、それは男女の社会的扱いの違いによるのでしょうか、それともそもそも脳の働き方に違いがあるのでしょうか。

男女の心理に

性差の固定観念

フランスの哲学者シモーヌ・ド・ボーボワールは、人は肉体的には男か女のどちらかに生まれるけれども、男性・女性のあり方を決めているのは社会的観念だと主張しました。そしてほとんどの社会で男性優位の価値観が支配的であり、女性は通常は従属的で感情的な存在と見られていると説きました。多くの女性解放論者が賛同し、生理的な性と社会的な性(ジェンダー)は区別されるようになります。アルバート・バンデューラも、男女の行動の違いは社会的な扱い方の違いによるものであり、周囲から性別に関する社会的な固定観念を学んだ結果だ、と説明しています。成長するにつれて私たちの中の社会通念は強固なものになっていくので、型にはまった男性像・女性像からはずれたふるまいをする人に出会うと、否定的に見てしまう傾向が顕著になるのです。アリス・イーグリィも、特に有能な女性が見方によっては男勝りといえそうなやり方で能力を発揮すると、マイナスイメージで見られやすいと言っています。たとえば1980年代にその強い指導力から「鉄の女」と言われた英国首相マーガレット・サッチャーは、その見本といえるかもしれません。

脳の中で攻撃性を制御する部分は男性より女性の方が大きい。

参照:26–27, 84–85, 104–105

わかっている限りどの人間社会にも、性別についてのルールがある。
エレノア・E・マコービィ

知的資質と取り組み

性差に関する社会通念の裏には、何か根本的な理由があるのでしょうか。心理学的な性差というものが実際に存在するのでしょうか。エレノア・マコービィはそういうものはないと考え、性別についての伝統的観念のほとんどが

私と同じ
でしょうか？

神話にすぎないことを明らかにしました。たとえば、男子には女子とは違う知的能力があるなどという証拠はいっさい見あたりません。ただし説明しにくい違いが一つだけあって、女子は男子より学校での成績が一貫してよいのです。これは男性にあるとされる学業成績への意欲や知的業務への適性といった伝

違いはある？

統的通念とは､矛盾するようにみえます。マコービィによれば、能力に実質的な差がなくても、女子、特に10代の女子は､男子よりきちんとした子が多く、勉強に努力を惜しまないということです。

男性脳、女性脳？

しかし社会的学習によらない考え方・ふるまい方の性差というものが実際にはある、と考える心理学者もいます。進化心理学の立場から、生まれながらの違いによって自然に女性は家族の世話に向かい、男性は家族の保護と糧(かて)の供給を担(にな)うと主張する学者がいます。最近ではサイモン・バロン＝コーエンが、「男性脳」「女性脳」についての説(ただし生理的な性別には必ずしも一致しない)を提唱しています。女性脳は共感の資質にすぐれ、他人の考えや気持ちに寄り添う傾向が強いのに対し、男性脳は体系的思考を好み、機械的で抽象的なシステムやルールを分析したり処理したりするのに向いている、というわけです。実際のテスト結果にも、この傾向が読み取れます。この研究は性別の社会通念にもそれなりの根拠があることを示しているようにみえますが、決して男女の間に明確な境界線が引けるわけではありません。共感能力にすぐれた男性も多く、体系的思考の得意な女性も多数存在しています。自分に異性的な性質があると考える人はかなりの数にのぼり、中には自分がまちがった性に生まれたと感じている人もいるのです。性別に関する私たちの考え方には伝統的に白か黒かという明確な線引きを重んじる傾向がありますが､現実の境界は曖昧なグレー領域になっているようです。

赤ちゃんで実験すると……

1970年代に、何人かの大人に一人の乳児をあやしてもらう調査がいくつか行われた。男の子だと言われた場合、女の子だと言われた場合、性別を知らされない場合、それぞれの大人の態度を調べてみる実験だ。大人たちのあやし方、人形や車のおもちゃを使った遊び方などを見ると、大人の態度は自分が信じこんだ性しだいで変わることがわかる。

恋におちる

人間の基本的欲求の中に他者への欲求があります。私たちには友人とのつきあいが必要ですが、もっと親密な関係から生まれる愛情も必要としています。人はどのようにパートナーを選ぶか、カップルはどうしてひかれ合うのか、愛とは何か……、心理学はこのような問いにも答えようとします。

男性も女性も、均整のとれた顔つきの人に自然にひきつけられる。

さまざまな愛の形

他者との関係によって私たちの生活は豊かな意味をもつものになりますが、交友関係はそこで重要な役割を担(にな)っています。しかし私たちはまた、友情とは違う、より深い献身的絆(きずな)を結ぼうとします。同時に何人もの友人をもつことはあっても、恋愛のパートナーは通常は一人でしょう。この種の排他的な一対一の関係は、普通は友情ではなく愛情と結びつけて考えられます。進化の観点からみればこの愛情には、私たちが子どもをつくるために相手を選ぶ助けになり、子孫を育てるために関係を維持する目的がある、という考え方もあるでしょう。ジョン・ボウルビィのように、愛を子どもが親に抱く感情に似た愛着の一種と捉え、そこには性的な引力だけでなくケアの要素も関わっている、と説明する学者もいます。ただ一口に愛といっても、情熱的でロマンチックな恋愛から満足感のある穏やかな絆までさまざまな形があります。関係の結び方にもいろいろな形があります。西欧社会では個人が自分の意思でパートナーを選びますが、多くの文化圏で結婚は親が決めるという伝統が残っています。さらに一夫多妻制などの複婚が許される社会もあり、一方で同性婚の割合が増えている国もあるのです。

参照:14-15, 94-95

ともに年を重ねる

ロバート・ザイアンスはある研究で、結婚したばかりの夫婦の写真と同じ夫婦の25年後の写真を人々に比較してもらった。多数の夫婦を調べてみると、夫婦の顔つきが年をとるにつれて似てくることがわかった。多くの人が自分と似た身体的特徴をもつ相手を選ぶという可能性もあるが、夫婦が長年連れ添う間にお互いの表情を模倣し合うことも考えられる。

愛の要素

ロバート・スタンバーグはさまざまなタイプの愛を調べ、その関係を成り立たせるのは親密さと情熱と責任(コミットメント)という3つの基本要素だと説明しました。その説によれば、ロマンチックな恋愛は親密さと情熱からなり、責任はあまり含まれません。安定した穏やかな愛では情熱は少なくても、親密さと責任が結びついて支え合います。情熱と責任があって親密さが欠けている関係は、空虚な愛だとスタンバーグは言います。ただどんな愛の関係も、まずお互いが引かれ合うことから始まります。人をひきつける力はどこから生まれるのでしょうか。進化心理学の説明では、人をひきつける魅力は子どもをつくるのにふさわしい相手を選ぶ手段であり、私たちは健康

情熱
責任
親密さ
愛の公式には、さまざまな変数が含まれる。

愛の三角理論
ロバート・スタンバーグは、愛の関係はこの３つの要素からなり、そのさまざまな組み合わせによって愛の形が決まると考えた。最も強い絆が実現するのは、３つの要素すべての上に関係が築かれた場合である。

で活力のある人に引かれる、というようになります。身体的にはそうだとしても、人の魅力はそれだけではありません。誰かと知り合いになると、その人の性格や社会的背景もわかってきます。ある心理学者によれば、私たちがひきつけられるのは自分とものの見方が似た人、求めるものやもっている資質が自分のものを補ってくれる人、あるいは社会的に自分と同じ立場にいる人だといいます。

ずっと一緒に

残念なことに、ひきつけ合う最初の期間を越えて親密な関係が続いていくとは限りません。これは関係性のいくつかあるステージの第一段階にすぎず、この後恋愛関係に進み、さらに責任ある関係に踏み込み、最後に安定した生活に落ち着くという展開が期待されます。関係が長続きするためには、親密さ・情熱・責任のうち複数の要素に信頼がおける必要があり、理想としてはすべての要素が結びついた関係が望ましい、とスタンバーグは説いています。しかし長く続いた関係でさえ、さまざまな理由で壊れてしまうことがあります。年齢の差や社会的経済的背景の違いなどの理由があって不安定になる関係もありますが、はっきりした理由もなく離れていくカップルも少なくありません。そして最も愛にあふれた関係の中にも葛藤というものはあります。それをどう解決していくかで、関係が長続きするかどうかが決まるのでしょう。

愛着は
揺りかごから墓場まで
人間関係を特徴づける。

ジョン・ボウルビィ

人が経験する愛の総量は、
親密さと情熱と責任の
絶対的な強さによって決まる。

ロバート・スタンバーグ

実生活の中の

社会心理学

救いの手

奇妙なことに、誰かの苦境を見ている人の数が多いほど、人々は救いの手を差し伸べようとしなくなる。これは「傍観者効果」と呼ばれていて、他の誰かが助けるだろうと皆が思いこむことで起こる現象だ。だからもし困った事態が身に降りかかったら、一人の人物を指さして「助けてください」と語りかけよう。

ネット上のいじめ

ネット上でとてもひどいことを発信してしまう人がいる。匿名性が大きな要因になっていると考えられ、ある人々は自分のすることがどんな結果を生むかを考えずに勝手なふるまいをしてしまう。ネット上でのいじめが許されないこと示すためには、マナー違反をした者の正体が明かされるような仕組みが必要だ、という心理学者の意見もある。

近くにいることの親しみ

単に誰かのそばにいるだけで、その人を気に入るようになる、という心理学者の観察結果がある。寮などで同じ階に住んでいる学生どうしは、たとえ無作為に部屋を割り振った場合でも、別の階の学生よりもはるかに仲よくなりやすい。

仲間意識

私たちは自分が気に入っている人からの影響を受けやすい。だから商品を売る側は客の機嫌をとろうとする。また自分に似ているように見える人を私たちは信頼しやすい。だから政治家は大衆的な言葉づかいをまねたり、あえてカジュアルな服を着たりして、有権者にアピールしようとする。

社会心理学では、人々の間の相互関係、集団のつくり方、他者への圧力などの研究をしています。社会心理学の発見は、友人や愛する人との関係について私たちが理解を深めるのに役立ちます。政治家や企業など私たちの行動に影響を与える個人や組織が、その成果を利用することもできます。

同調と相手探し

私たちが同調するのには進化論的な理由がある、と考える心理学者もいる。流行している服装で皆に合わせたり、人気ミュージシャンに熱をあげたりするのは、社会的に認められたいという欲求につながっている。社会で認められなければ、自分の伴侶となる人を見つけにくくなる。だからある意味では、同調によって人をひきつけようとしているとも言える。

緊張とパフォーマンス

一流のバンドでも、人前で演奏するには長時間の練習が必要になる。聴衆や観客の存在はパフォーマンスにいろいろな影響を与える。することが簡単であるか、実演者が達人であるなら、人が見ることでよけいうまくいくだろう。難しいことである場合や、実演者の腕がそれほどでないなら、人が見るとうまくいかなくなる可能性が大きい。

コマーシャルの常識

テレビでは、おもしろみのない商品のCMほど奇抜なものになることに、お気づきだろうか。広告のつくり手は、理屈よりもユーモアを使って伝えるほうが有効な場合があることを知っている。商品が退屈なものであるほど、消費者は論理的な説得には耳を傾けなくなる。

ふれあいの温かさ

誰かに自分のことを気に入ってほしいなら、握手は文字どおり温かいものでなければならない。手の温度を変えると握手した人の印象も影響を受けることが、ある調査で明らかになった。温かい手は、人柄の温かさの印象につながるという。

心理学者人名録

ハンス・アイゼンク(1916 － 1997)
ベルリンで生まれた直後に両親が離婚、母方の祖母の手で育てられる。英国に渡ってロンドン大学で学位をとる。後にロンドン大学精神医学研究所で、心理学の教授を務めた。療法としての精神分析を強く批判し、行動療法を擁護した。知能と人格についての研究で知られている。

エリオット・アロンソン(1932 －)
大恐慌の時代にマサチューセッツ州の貧しい環境で育つ。大学では経済学を学び始めたが、偶然エイブラハム・マズローの講義を耳にして心理学を専攻するようになる。偏見や過激な行動に関する研究で知られ、アメリカ心理学会から著述・教育・研究の功績に対して贈られる3つの賞すべてを受賞した唯一の学者。

レフ・ヴィゴツキー(1896 － 1934)
ロシア帝国のオルシャ（現在はベラルーシ）で生まれる。モスクワ大学で法律を学ぶが、ゲシュタルト心理学の影響を受ける。子どもは社会環境を通じて学ぶという発達心理学の理論で名高い。生前は広く知られることはなかったが、その業績は認知心理学において多くの研究や理論の基礎となった。

マックス・ヴェルトハイマー(1880 － 1943)
ゲシュタルト心理学の創始者の一人。チェコの知識人家庭に生まれる。ヴァイオリンや作曲の才能があり音楽家になるかに見えたが、法律と哲学を学び、ついで心理学の研究を始めた。ベルリンやフランクフルトの大学で教えた後、1933年にニューヨークに移住。視覚情報処理過程でのパターン認識に関する研究が名高い。

メアリー・エインズワース(1913 － 1999)　→ p.30-31

ポール・エクマン(1934 －)
ニュージャージー州生まれで、15歳のときシカゴ大学で学び始め、フロイトや精神療法に興味をもつ。ニューヨークの大学で臨床心理学の学位をとり、カリフォルニア大学に移って非言語コミュニケーションの研究に長年うち込んだ。情動や表情に関する研究の開拓者として、数々の賞を受賞した。

ヘルマン・エビングハウス(1850 － 1909)
ドイツのバルメンで裕福な商人の家庭に生まれ、ボン大学で学ぶ。ベルリン大学の教授になり、二つの心理学研究室を開設した。自分で実験を行いながら、学習と記憶を初めて系統的に研究した心理学者として知られる。肺炎により59歳で亡くなるまで、教壇に立ち続けた。

エリク・エリクソン(1902 － 1994)
自分自身の問題と格闘し、「アイデンティティーの危機」という概念を広めた。ドイツのフランクフルトに生まれたが、自分の父親を知らず、母と継父に育てられた。美術教師として働いたが、その後アンナ・フロイトのもとで精神分析家としての訓練を受けた。その著作はピューリツァー賞や全米図書賞を受賞し、本人は学位をもたなかったが、ハーバード、イェール、カリフォルニアの各大学で教授を務めた。

アルバート・エリス(1913 － 2007)
ペンシルベニア州のユダヤ人家庭に生まれ、母親が双極性障害だったため子どものころから苦労が多かった。まず作家として仕事をし、その後コロンビア大学で臨床心理学を学んだ。フロイトの影響を受けたが、後に精神分析から離れ、認知行動療法へと舵(かじ)を切る。93歳で亡くなるまで論文や著作を発表し続けた。

ゴードン・オルポート(1897 － 1967)　→ p.88-89

ダニエル・カーネマン(1934 －)
ユダヤ人家庭に生まれ、フランスで育てられる。はじめは科学の学位を目指していたが、クルト・レヴィンの影響を受けて心理学を専攻し、カリフォルニア大学で学位をとる。人間の判断と意志決定の心理に関する研究が有名で、心理学の手法を経済学に導入し、ノーベル経済学賞をはじめ数々の賞を受賞。2013年には米国大統領自由勲章を授与された。

ダニエル・カッツ(1903 － 1998)
人種に関する固定観念、偏見、態度の変化などの研究で知られる社会心理学者。ニュージャージー州生まれで、シラキュース大学などで学位取得後、長年ミシガン大学で教授を務める。レヴィン賞など数々の賞を受賞。

ジェイムズ・J・ギブソン(1904 － 1979)
オハイオ州で生まれる。プリンストン大学で学位を受け、スミス大学、コーネル大学で教鞭をとる。第二次世界大戦中の1942年から1945年の間、米国空軍の航空心理学研究チームを指揮した。大学に戻ると視覚の研究に基づく知覚理論の構築に取り組み、この分野では20世紀を代表する心理学者の一人と考えられている。

ヴォルフガング・ケーラー(1887 – 1967)
ゲシュタルト心理学発展の鍵となる人物。ドイツのいくつかの大学で学び、ベルリンで博士号を取得。1935年まで心理学研究所の所長を務めた後、ヒトラー政権への批判を強め、米国へ移住した。アメリカ各地の大学で教え、1959年にはアメリカ心理学会の会長を務めた。

ローレンス・コールバーグ(1927 – 1987)
ニューヨークで生まれ、高校を出た後、船乗りとして働く。シカゴ大学に入学して1年で学位を取得。その後博士号を取得し、イェール大学やハーバード大学で教壇に立った。ピアジェの仕事を受け継いで発展させ、道徳的推論の発達過程を説明する理論を提唱した。

ロバート・ザイアンス(1923 – 2008)
判断と意志決定についての研究で知られるポーランドの社会心理学者。16歳のときナチの侵攻を逃れてウッチという町からワルシャワへ移ったが、両親を空襲で亡くした。ドイツの強制労働収容所へ送られたが脱出。戦後アメリカへ渡り、ミシガン大学で学位を取得後、40年近く教授を務めた。

トマス・サス(1920 – 2012)
『精神病の神話』の著者で、伝統的精神医学の倫理的・科学的基盤を批判したことで知られる。ハンガリーのブダペスト生まれで、1938年に米国へ移住し、シンシナティ大学で医学を研究する。後にニューヨーク市立大学で教壇に立ち、50以上の賞を受賞した。

ウィリアム・ジェイムズ(1842 – 1910)
ニューヨークの裕福で有力な家柄に生まれ、はじめは画家になろうとしたが、やがて科学への興味が芽生えた。ハーバード大学で医師の資格をとり、そこで生涯の大半を教授として過ごす。米国で最初の心理学課程を開設し、心理学実験室を設置した。真に科学的な学問としての心理学の確立に、中心的な役割を果たした人物として名を残している。

ダニエル・シャクター(1952 –)
記憶についての研究で知られている。ニューヨークで生まれ、カナダのトロント大学大学院でエンデル・タルヴィングの指導を受ける。後にハーバード大学教授になり、シャクター記憶研究所を設立した。

フィリップ・ジンバルドー(1933 –)
ニューヨークでシシリアからの移民の家に生まれる。ブルックリン大学で心理学、社会学、人類学を学び、イェール大学で学位を取得。いくつかの大学で教えた後、スタンフォード大学の教授になり、物議を醸(かも)した「スタンフォード監獄実験」を行った。多数の著作があり、数々の賞を受賞。2002年にはアメリカ心理学会の会長に選ばれた。

B・F・スキナー(1904 – 1990)
ペンシルベニア州で生まれ、ニューヨークのハミルトン大学で英文学を学び、当初は作家を志した。パヴロフやJ・B・ワトソンの仕事に影響されて、ハーバード大学で心理学の学位をとり、行動主義の開拓者となる。亡くなる数日前に、アメリカ心理学会から生涯の業績に対して賞を贈られた。

マーティン・セリグマン(1942 –)
ポジティブ心理学の創始者の一人。ニューヨークに生まれ、プリンストン大学で哲学を学び、ペンシルベニア大学で心理学の学位を取得。アーロン・ベックの影響を受け、抑うつ症と幸福の追求に関心を寄せる。ペンシルベニアのポジティブ心理学センター所長に就任し、1998年にはアメリカ心理学会の会長に選ばれた。

エドワード・ソーンダイク(1874 – 1949)
動物行動や学習プロセスの研究で知られる。マサチューセッツ州に生まれ、ハーバード大学のウィリアム・ジェイムズのもとで学ぶ。学位を取得したコロンビア大学で研究人生のほとんどを過ごした。教育心理学の確立に尽力し、1912年にはアメリカ心理学会の会長を務めた。

エンデル・タルヴィング(1927 –)
エストニア生まれの実験心理学者・神経科学者。カナダのトロント大学で学び、ハーバード大学で博士号を取った後、トロントに戻って教授になる。記憶の組織化に関する理論で名高く、2005年には生物学・医学におけるカナダの有力な賞を受賞した。

ミハイ・チクセントミハイ(1934 –)
イタリア領フィウメ(現在はクロアチア)生まれのハンガリー人。10代でカール・ユングの講演を聴き、心理学を学び始める。アメリカのシカゴ大学で学び、後に心理学科長となった。現在はカリフォルニアの大学に勤務し、幸福についての研究、特にその「フロー」理論で知られている。

ノーム・チョムスキー(1928 –)
現代言語学を生み出した一人として、また哲学者・社会運動家として広く知られ、100冊を超える著書を出版している。ペンシルベニア大学で学位をとり、後にマサチューセッツ工科大学教授となる。その業績によって数多くの賞を受賞し、海外の大学からも名誉学位を贈られている。

ブルマ・ツァイガルニク(1901 − 1988)
ロシア帝国の一部であったリトアニアで生まれる。ロシアで大学に進んだ最初の女性の一人で、ベルリン大学で学位を取得。ケーラー、ヴェルトハイマー、レヴィンなどゲシュタルト心理学の影響を受ける。1983年にはレヴィン賞を受賞。未完了の課題のほうがよく記憶できるという「ツァイガルニク効果」は有名。

エドワード・トールマン(1886 − 1959)
ネズミを用いた迷路実験で知られる行動主義心理学者。マサチューセッツ工科大学で電気化学を学んだが、ウィリアム・ジェイムズの著作を読んだ後、ハーバード大学で心理学を専攻。生涯の大半をカリフォルニア大学で過ごし、学習と動機づけの研究に重要な貢献をする。1937年にはアメリカ心理学会の会長を務めた。

フリッツ・パールズ(1893 − 1970)
本名フレデリック・サロモン・パールズ。ベルリンで生まれ、第一次世界大戦でドイツ軍に従軍した後、医学と心理学を学ぶ。南アフリカに移住し、心理学者である妻ローラ・ポズナーとともに精神分析研究所を開設。米国に移って、ニューヨークにゲシュタルト療法研究所を設立し、後にカリフォルニアに移住した。

ゴードン・H・バウアー(1932 −)
人間の記憶に関する研究など、認知心理学への貢献で知られている。オハイオ州で育ち、高校時代にジグムント・フロイトの仕事を知った。クリーブランドの大学で心理学を専攻し、イェール大学に移って学位を取得した後、スタンフォード大学で教壇に立った。2005年にアメリカ国家科学賞を授与された。

アルバート・バンデューラ(1925 −)
「ボボ人形」の実験とその社会学習理論で広く知られる。カナダのアルバータ州の小都市でポーランド人家庭に生まれ、アイオワ大学で学位を取得した後、スタンフォード大学で教鞭をとる。1974年にはアメリカ心理学会会長を務めた。

ジャン・ピアジェ(1896 − 1980)
スイスに生まれたピアジェは自然界に常に興味を抱き、11歳の年に最初の科学論文を発表した。動物学の学位を取得した後、心理学と哲学の講義を開始し、論文も発表し始めた。子どもの認知発達に関する業績などにより、1972年にエラスムス賞、1979年にバルザン賞を受賞、世界各地で名誉学位を授与されている。

レオン・フェスティンガー(1919 − 1989)
ニューヨークのロシア系移民の家庭に生まれる。ニューヨーク市立大学を卒業後、アイオワ大学のクルト・レヴィンのもとで研究を続け、学位を取得。カルト教団への潜入調査後に発表した「認知的不協和理論」は有名。また社会心理学における実験の利用を推進した功績も大きい。

ニコ・フライダ(1927 −)
アムステルダムのユダヤ人家庭に生まれる。第二次世界大戦中はナチスの迫害を避けるために、隠れ家で生活した。アムステルダムの大学で学位をとった際の論文テーマは、「顔の表情」だった。人間の情動についての研究に生涯をささげたが、学生時代に「とても表情豊かな女の子」に恋をしたことが、この研究テーマにつながったという。

ジェローム・ブルーナー(1915 −)
認知心理学運動のパイオニア的存在。ニューヨークでポーランド人家庭に生まれ、デューク大学で学んだ後、ハーバード大学で学位を取得。第二次世界大戦中は軍の研究所に勤務し、1960年にはジョージ・アーミテージ・ミラーとともに認知研究所を開設した。1965年にはアメリカ心理学会会長を務めた。

コリン・ブレイクモア(1944 −)
神経科学を専門とするロンドン大学とオックスフォード大学の教授で、英国医学研究審議会の会長も務めた。視覚と脳の発達に関する研究に集中し、神経の可塑性という概念についての業績で知られている。また医学研究における動物実験の利用を声高に擁護したことで有名になった。

ジグムント・フロイト(1856 − 1939) → p.102-103

ドナルド・ブロードベント(1926 − 1993) → p.70-71

アーロン・ベック(1921 −)
ロシア系移民の息子としてロードアイランド州に生まれる。8歳のときにかかった重病の経験が、後に医者としての訓練を受ける決意につながった。ブラウン大学とイェール大学医学部で学んだ後、精神科医の資格を取り、ペンシルベニア大学教授となる。1994年に娘のジュディス・ベックとともに、認知行動療法のためのベック研究所を開設した。認知療法の父として知られ、ベックの始めた療法はうつ病の治療に利用されている。

ドナルド・ヘッブ(1904 − 1985)
カナダのノヴァスコシア州で生まれる。教師として働いているときに、ジグムント・フロイト、ウィリアム・ジェイムズ、ジョン・B・ワトソンの著作に出会い、モントリオールの大学の聴講生となって心理学を学んだ。シカゴ大学とハーバード大学の両方でカール・ラシュレーの指導を受け、学位を取得。生物学的心理学の開拓者であり、ニューロン機能と学習の関係についての研究が有名。1960年にはアメリカ心理学会の会長を務めた。

ジョン・ボウルビィ（1907 － 1990）
ロンドンの裕福な中流家庭に生まれたボウルビィは、主に乳母に育てられ、7歳で全寮制の学校に入学するが、この経験は後の仕事に影響を与えた。ケンブリッジのトリニティーカレッジで心理学を学び、後に精神分析医の資格を得る。長年ロンドンで病院長を務め、愛着理論の草分けとして名を残す。

ローラ・ポズナー（1905 － 1990） → フリッツ・パールズ

エレノア・E・マコービィ（1917 －）
性差の心理学的研究で知られる発達心理学者。ワシントン州タコマの出身で、ミシガン大学で学位を取得。ハーバード大学で教えた後、スタンフォード大学へ移り、女性として最初の心理学科長になった。アメリカ心理学会はマコービィの名を冠した賞を毎年授与している。

エイブラハム・マズロー（1908 － 1970）
ロシアから米国へ渡ったユダヤ系移民の長男として生まれる。両親は法律を学ばせようとしたが、心理学へと方向転換した。ウィスコンシン大学で行動主義心理学のハリー・ハーローから指導を受け、学位を取得。人間の階層的欲求や自己実現に関する研究が名高い。1968年にアメリカ心理学会の会長に選ばれた。

ジョージ・アーミテージ・ミラー（1920 － 2012）
認知心理学の創始者の一人であり、人間の記憶に関する研究で知られている。ウエストバージニア州で生まれ、当初は言語障害について研究し、後にハーバード大学で心理学の学位を得た。ハーバード大学、マサチューセッツ工科大学、ロックフェラー大学に勤務した後、プリンストン大学教授となる。1969年にはアメリカ心理学会の会長を務め、1991年にはアメリカ国家科学賞を授与された。

スタンレー・ミルグラム（1933 － 1984） → p.134-135

ロロ・メイ（1909 － 1994）
オハイオ州に生まれ、両親の離婚や姉妹の統合失調症といった困難の中で育った。英語学の学位をとり、ギリシアで英語の教師として働いた後、帰国して神学を学び、一時牧師を務めた。その後心理学の道に進み、コロンビア大学で臨床心理学の学位を取得。不安と抑うつに関する実存主義的観点からの研究で知られる。

カール・ユング（1875 － 1961）
スイスの小さな村に生まれ、バーゼル大学で医学を学ぶ。ジグムント・フロイトと何年間か親交を深めたのは有名だが、理論的な相違からやがて二人は離れていった。アフリカ、アメリカ、インドなどを広く旅してまわり、各地の人々について調査した。内向型・外向型の性格分類、集合的無意識の概念などを提唱した。

ヴィラヤヌル・ラマチャンドラン（1951 －） → p.48-49

サンティアゴ・ラモン・イ・カハル（1852 － 1934）
→ p.44-45

クルト・レヴィン（1890 － 1947）
プロシア（現在はポーランド）の中流ユダヤ人家庭に生まれ、ベルリンで育った。医学と生物学を学んだ後、第一次世界大戦でドイツ軍に従軍して負傷する。ベルリンに戻って、学位をとり、ゲシュタルト心理学の影響を受ける。近代心理学の父とも呼ばれ、特にグループ・ダイナミクス（集団力学）理論は有名。57歳で心臓発作で倒れるまで、亡命したアメリカ各地の大学で教鞭をとった。

ドロシー・ロウ（1930 －）
抑うつ症に関心を寄せる臨床心理学者であり、著述家としても活躍している。オーストラリアのニューサウスウェールズ州で生まれ、シドニー大学で心理学を学ぶ。英国に移住して学位をとり、リンカンシャー州で地域住民のための臨床心理部門を開設し指導した。現在はロンドンに移り、新聞や雑誌に定期的に寄稿している。16冊の著書がある。

カール・ロジャーズ（1902 － 1987）
イリノイ州の厳格なプロテスタントの家庭に生まれる。ロジャーズの理論は、人は自己の潜在能力をすべて実現し、心の幸福を達成することができるという信念に基づいている。オハイオ、シカゴ、ウィスコンシンの各大学で仕事をし、1947年にはアメリカ心理学会の会長を務めた。晩年は、北アイルランドや南アフリカなど社会的な抗争が起きている場所で自分の理論の適用に献身し、1987年にはノーベル平和賞の候補に名が挙がった。

エリザベス・ロフタス（1944 －） → p.62-63

ジョン・B・ワトソン（1878 － 1958）
行動主義心理学の創始者。サウスカロライナ州の貧しい家庭に生まれ、反抗的な10代を過ごしたが、21歳で修士号を取得。シカゴ大学で博士号をとった後、ジョンズホプキンズ大学の教授になった。動物の行動や子育ての研究で知られているが、「リトルアルバートの実験」は議論を呼んだ。1915年にはアメリカ心理学会の会長を務めた。

用語解説

あ行

愛他性　Altruism
自分よりも他者の利益・幸福を優先する姿勢。利他主義。

愛着　Attachment
乳幼児が母親に執着する感情のような、特定の対象に対する強い情緒的結びつき。

意識　Consciousness
自分や周りのことに気づき、わかっている心の状態。

依存症　Dependence
薬物やアルコールなどの服用をやめられなくなる症状。（ギャンブルなど物質以外への依存もある。）

一般知能　General intelligence
すべての知的活動を支える能力。チャールズ・スピアマンが提唱。

偽りの記憶　False memory
情報から再構成された、実際には起こっていない出来事の記憶。

意味記憶　Semantic memory
一般的な事実や知識についての記憶。

うつ病　Depression
望みがない、自分に価値がないという思いに気がふさぐ気分障害の一種。抑うつ症。

エス（イド）　Id
本能的衝動のもとになる無意識の部分。自我・超自我の統制を受け、葛藤も引き起こす。

エピソード記憶　Episodic memory
出来事や経験に関する記憶。

オペラント条件づけ　Operant conditioning
自発的な反応が報酬によって強化されたり、罰によって変容したりする学習の一形態。

か行

外向型　Extrovert
エネルギーを外界に向ける人格のタイプ。積極的で社交的な性格が多い。（⇔内向型）

外集団　Out-group
自分が所属していない外部の集団。（⇔内集団）

仮説　Hypothesis
まだ証明されていない仮定または予測。

価値　Values
人が生きる上で大切だと判断するもの、行動基準、原則。

感覚　Senses
体内や外界の変化を感知する機能または心的現象。視覚、聴覚、嗅覚、味覚、触覚などがある。

記憶の気分依存　Mood-dependent memory
ある特別の気分のときに刻まれた記憶が、同じ気分のときに再生されやすいこと。

記憶の文脈依存　Context-dependent memory
記憶が刻まれたときの状況に結びつき、その状況が再現されたときに再生されやすいこと。

機能的磁気共鳴映像法　fMRI
MRIを利用して、脳内の血流などを視覚化する最先端技術。

強化　Reinforcement
条件づけにおいて反応をより起こりやすくする操作。

共感覚　Synesthesia
文字・数・曜日に色や性格を感じるなど、ある刺激から別種の感覚を経験すること。

恐怖症　Phobia
ものや状況に対する不合理な強い恐怖を特徴とする不安障害。

ゲシュタルト心理学　Gestalt psychology
知覚などの心的プロセスにおいて、部分を個別に扱うより全体性を重視する心理学のアプローチ。

ゲシュタルト療法　Gestalt therapy
各個人の現在の体験に焦点を合わせ、自己に対する責任を重視する心理療法の一形態。

結晶性知能　Crystallized intelligence
教育や経験によって獲得された知

識や技術を活用する能力。（⇔流動性知能）

攻撃（攻撃性）　Aggression
他者に危害を加えようとする行動。（攻撃を引き起こす内的プロセスが攻撃性）

向精神薬　Psychoactive drugs
脳や神経系の信号伝達に変化をもたらし、意識に作用する薬物。

行動主義　Behaviorism
思考や感情のような内的プロセスではなく、観察可能な行動を研究対象とする心理学のアプローチ。

心　Mind
人間の意識や思考をつかさどる部分、または精神活動のもとになるもの。

古典的条件づけ　Classical conditioning
ある刺激（中性刺激）が特定の反応を引き起こすようにする、学習の一形態。「パヴロフの条件反射」で有名。

さ行

催眠状態　Hypnosis
現実感覚が薄れた一時的な半睡眠状態で、暗示にかかりやすいという特徴がある。

CT スキャン　Computerized tomography scanning
コンピューターとX線を用いた断層写真。脳をはじめ人体内部の状態を撮影できる。

自我（エゴ）　Ego
人格を統合する、心の意識的・理性的な部分をさす精神分析の用語。

刺激　Stimulus
もの、出来事、状況など、特定の反応を引き起こすと考えられる環境要因。

自己実現　Self-actualization
自分の中にひそむ能力を十分に発揮し、実現すること。エイブラハム・マズローによれば、人の欲求階層の最上位にある。

自己超越　Self-transcendence
自分を超えた大義のために何かをなそうとする人間の欲求。

シナプス伝達　Synaptic transmission
神経細胞間の信号のやり取りによる情報伝達。シナプスは神経細胞間の接合部分。

社会規範　Social norms
共同体の行動や態度を統制する暗黙のルール。

社会的学習　Social learning
他者の行動の観察や模倣などによって学習すること。アルバート・バンデューラの学習理論が有名。

社会的怠惰　Social loafing
集団で作業をするとき、人数が多いほど一人一人が目的達成のための努力をしなくなる現象。社会的手抜き。

集合的無意識　Collective unconscious
他者と共有され、世代を超えて受け継がれる普遍的な無意識。ユング理論の概念。

集団思考　Groupthink
集団の考えへの同調傾向が個人の批判的思考を抑えつけてしまう現象。しばしば誤った意思決定につながる。

自由連想法　Free association
患者にある言葉を示し、心に浮かんだことを自由に語ってもらう心理療法。無意識の思いを探る技法。

条件反射　Conditioned response
古典的条件づけにおいて、もともと無関係だった反応が、特定の刺激に結びついて起こる現象。

人格（パーソナリティ）　Personality
人の特性や性格が組み合わさったもの。これによって行動や考え方にある傾向が表れる。

神経科学　Neuroscience
脳とその機能の生理学的研究など、神経に関する研究分野全般。

神経可塑性　Neuroplasticity
脳内の神経回路が行動や環境の変化に適応して変わったり、脳の損傷に応じて変化したりする性質。

神経系　Nervous system
体の諸機能を制御・統合する器官系。脳・脊髄・各神経からなる。

神経症　Neurosis
不安や抑うつなど、明白な生理的原因のない心的な不調や障害。ノイローゼ。

神経変性疾患　Neurodegenerative disease
中枢神経の一部が徐々に損なわれていく病気。（アルツハイマー病、パーキンソン病など）

心理療法（サイコセラピー）　Psychotherapy
生理的手段に頼らず、心理学的手法を用いた治療法。

刷り込み　Imprinting
誕生直後の動物が最初に親と認めたものに愛着を抱く本能的現象。

精神医学　Psychiatry
精神疾患の研究、診断、治療を目的とした臨床医学の分野。

精神病質　Psychopathy
共感や良心の呵責(かしゃく)の欠如、反社会性などによって特徴づけられる人格障害。

精神分析　Psychoanalysis
無意識の思考を解き明かすことで心の障害に対処しようとする理論と療法。ジグムント・フロイトが創始した。

生得的　Innate
ある特徴が経験や環境から獲得されたものでなく、生まれつき備わっていること。遺伝による場合もそうでない場合もある。

前頭葉　Frontal lobe
大脳皮質の前方部分。高等な精神機能をつかさどる。

た行

態度　Attitudes
対象となるもの、考え、出来事、他者に対して、人が抱く評価や感じ方。

大脳半球　Hemisphere
左右に分かれた大脳の半球部分。

短期記憶　Short-term memory
何かをするためにそのとき必要な情報を保持する記憶。長期記憶に移されなければ、すぐに消えてしまう。

知覚　Perception
状況を理解するために感覚からの情報を整理し、認知し、解釈すること。

知能指数　Intelligence quotient (IQ)
知能検査の結果から知能の程度を数値で表したもの。年齢ごとの平均を100とする。

注意　Attention
周囲のある要素に自分の知覚を集中する過程。

長期記憶　Long-term memory
長期間保持される記憶。

超自我（スーパーエゴ） Superego
内なる「良心」や教えこまれてきた価値観からなる心の構成要素。精神分析理論の用語。

手続き記憶　Procedural memory
物事のやり方や手順の記憶。

てんかん　Epilepsy
脳の機能異常により、発作的けいれん・意識障害などを起こす脳疾患。

電気ショック療法 Electroconvulsive therapy
脳に電流を流しけいれんを起こすことによる、精神障害の治療法の一つ。

動因　Drive
生理的欲求を満たすように人を駆り立てる内的な力。飢え・自己保存・性などの基本的衝動。

統合失調症　Schizophrenia
現実をゆがんだ形で捉える典型的な内因性精神病。幻覚、奇矯行動、感情の鈍化などの症状を伴う。

統制群　Control group
実験の条件や処理にさらされない被験者のグループ。実験群と比較するための対照群。

同調　Conformity
集団の他のメンバーや権威ある存在に、行動、態度、価値観などを合わせようとする傾向。

道徳性　Morality
ある社会における、正しいこと・まちがったことについての価値観や信念の組み合わさったもの。

特性　Trait
その人特有の一貫した性質。さまざまな状況で行動に影響を与える。

な行

内向型　Introvert
エネルギーを自分の内面に向ける人格のタイプ。内気で穏やかな性格が多い。(⇔外向型)

内集団　In-group
自分が所属する集団。メンバーはしばしば他の集団(外集団)より内集団を好ましく思う。

内省（内観） Introspection
自分自身の内面の状態や思考を観察すること。

ニューロン　Neuron
神経細胞。体内各所に信号伝達を行い、脳内にネットワークを形成する。

認知行動療法　Cognitive behavioral therapy
考え方やふるまい方を変えることで、患者が自分の問題に対処できるように促す治療法。(ロールプレイなどがよく利用される。)

認知心理学　Cognitive psychology
学習、記憶、知覚、注意など、心的プロセスを扱う心理学。

認知的不協和　Cognitive dissonance
二つの相反する信念や態度を保持することから生じる心理的葛藤。

認知バイアス　Cognitive bias
意思決定に影響し、誤った判断につながることの多い、不合理な思いこみ。

脳波検査　Electroencephalography
脳の機能を調べるために、脳の電気信号を測定し記録すること。

ノンレム睡眠　Non-rapid-eye-movement sleep
筋肉の緊張が減り、脳の活動・呼吸・心拍が緩やかになる睡眠の段階。

は行

反応　Response
刺激となるもの、出来事、状況に応じて起こる行動や変化。

フラッシュバルブ記憶　Flashbulb memory
感情を強く動かす衝撃的な出来事についての鮮明な記憶。

フロイト的失言（言いまちがい）　Freudian slip
意図に反して無意識の思考を反映した言いまちがい。

フロー経験　Flow
あることに全人的に没入しているときの、幸福感・満足感を伴う忘我の精神状態。ミハイ・チクセントミハイの用語。

分離脳　Split brain
てんかん治療のための外科的措置で、左右の大脳半球が分断された脳。

偏見　Prejudice
かたよったものの見方。性、社会階層、年齢、宗教、人種その他の特徴により、先入観から人に対して通常好ましくない判断をすること。

傍観者効果　Bystander effect
その場に居合わせる人の数が多いほど、苦境にある人に手を差し伸べる人が少なくなる現象。

ま行

無意識　Unconscious
容易に近づけない心の深層を表す精神分析の中心概念。意識化しにくい思念、欲求、記憶、感情などがひそんでいると考えられる。

無条件反応　Unconditioned response
古典的条件づけにおいて、特定の刺激に応じて生じる反射的で自然な反応。（食べ物に対する唾液分泌など。）

モデリング　Modeling
モデルとなる他者の行動を観察することで自分のふるまい方を身につける学習法。

や行・ら行

抑圧　Repression
受け入れがたい観念や衝動や記憶を意識から追い出そうとする自我の防衛機構。

流動性知能　Fluid intelligence
既存の知識に頼らず、新しい事態に適応して問題を解決する能力。（⇔結晶性知能）

劣等感（インフェリオリティ・コンプレックス）　Inferiority complex
自分が他者より劣っていると思いこむことで生じる心の状態。敵意や反社会行動に結びつくこともある。

レム睡眠　Rapid-eye-movement sleep
眼球が急速に動き、筋肉はあまり動かない睡眠の段階。このとき夢を見る。

索引

あ行

か行

さ行

た行

な行

は行

ま行

や行

ら行・わ行

出典一覧

Dorling Kindersley would like to thank Jeongeun Yule Park for design assistance, John Searcy for proofreading, and Jackie Brind for the index.

The publisher would like to thank the following for their kind permission to reproduce their photographs:

(Key: a-above; b-below/bottom; c-center; f-far; l-left; r-right; t-top)

6 Dorling Kindersley: Whipple Museum of History of Science, Cambridge (cr). **Getty Images:** Pasieka / Science Photo Library (cl); Smith Collection / Stone (c). **7 Getty Images:** Rich Legg / E+ (cr). Pearson Asset Library: Pearson Education Ltd / Studio 8 (cla). **12 Corbis:** Matthieu Spohn / PhotoAlto. **15 Science Photo Library:** Science Source (br). **17 Pearson Asset Library:** Pearson Education Ltd / Tudor Photography (tr). **29 Pearson Asset Library:** Pearson Education Asia Ltd / Terry Leung (br/doll). **30-31 Dorling Kindersley:** Dr. Patricia Crittenden (portrait). **36-37 Getty Images:** Laurence Mouton / PhotoAlto. **39 PunchStock:** Image Source (br). **42 Bright Bytes Studio:** photograph of daguerreotype by Jack Wilgus (bc). **44-45 Dorling Kindersley:** Science Photo Library (portrait). **48-49 Dorling Kindersley:** Rex Features / Charles Sykes (portrait). **54 Corbis:** momentimages / Tetra Images. **62-63 Dorling Kindersley:** Courtesy of UC Irvine (portrait). **69 Corbis:** Martin Palombini / Moodboard (br/gorilla). **70 Dorling Kindersley:** Science Photo Library / Corbin O'Grady Studio (portrait). **72 Pearson Asset Library:** Pearson Education Asia Ltd / Coleman Yuen (bc). **75 Dreamstime.com:** Horiyan (br/table). **78 Corbis:** Peter Endig / DPA (bl). **82 Getty Images:** Robbert Koene / Gallo Images. **85 Getty Images:** Image Source (br). **87 Pearson Asset Library:** Pearson Education Asia Ltd / Coleman Yuen (br). **88-89 Dorling Kindersley:** Corbis / Bettmann (portrait). **93 Corbis:** John Woodworth / Loop Images (br). **97 Corbis:** John Springer Collection (br). **107 Pearson Asset Library:** Pearson Education Ltd / Jon Barlow (br). **111 Pearson Asset Library:** Pearson Education Ltd / Jörg Carstensen (br). **115 Pearson Asset Library:** Pearson Education Ltd / Lord and Leverett (br). **118-119 Corbis:** Stretch Photography / Blend Images. **121 Corbis:** Chat Roberts (tr). **125 Pearson Asset Library:** Pearson Education Ltd / Tudor Photography (br). **126-127 Dorling Kindersley:** Solomon Asch Center for Study of Ethnopolitical Conflict. **129 Corbis:** John Collier Jr. (br). **132 Dreamstime.com:** Horiyan (bc/table). **134-135 Dorling Kindersley:** Manuscripts and Archives, Yale University Library / Courtesy of Alexandra Milgram (portrait). **137 Corbis:** Geon-soo Park / Sung-Il Kim (br). **143 Corbis:** Adrian Samson (br). **144 Corbis:** Hannes Hepp (bc).